2026

박문각 행정사

5년 최다
★ 전체 수석 ★
합격자 배출

이상기
행정절차론

2차 | 핵심요약집

박문각 행정사연구소 편_이상기

동영상 강의 www.pmg.co.kr

PREFACE

머리말

행정사 자격시험도 어느덧 제14회 시험을 앞두고 있습니다. 회차가 거듭될수록 많은 사람들의 관심이 높아지고 응시자 수가 증가하고 있으며 이에 따라 시험의 난이도는 높아지고 있는 실정입니다.

행정사 2차 4과목은 주관식 문제로 출제됩니다.
주관식의 공통적인 대비 방법은

1. 기본이론의 숙지
2. 목차 정리와 키워드 정리 및 암기
3. 관련 판례와 사례의 숙지
4. 그리고 많은 양의 쓰기 연습입니다.

본 과목은 특히 위의 4가지가 반드시 필요한 과목이라고 할 수 있습니다. 본 과목은 8개 법으로 구성되어 그 양이 상당히 많으며, 사례형 문제의 답안 구성과 조문을 암기하여야 하기 때문에 학습하기가 상당히 부담스러운 과목입니다.

논술 문제는 행정절차법 규정을 판례 위주의 사례형으로 만들어 주어진 사례에 대한 논점을 파악하여 이를 답안에 옮겨야 하는 방향으로 출제되고, 정보공개법 또한 판례 내용이 사례로 출제되어 이를 이해하고 풀어야 하는 문제가 출제됩니다. 행정조사기본법 등 여타 법률 내용들도 준사례형이나 조문을 답안으로 작성하여야 하는 방향으로 출제되어 부담이 가는 부분이라 할 수 있습니다.
학습할 분량 면에서도 2차 과목 중 가장 많은 분량을 차지하는 과목이라 할 수 있습니다. 단순 암기 과목이 아닌 철저한 이해 위주의 과목이므로 판례의 이해 및 조문 암기가 수반되어야 효과적으로 학습할 수 있고 이를 통해 답안을 구성할 수 있습니다.

이상기 행정절차론
핵심요약집

암기와 쓰기를 위해 가장 중요한 것은 기본이론이 숙지되었다는 전제하에 목차와 키워드를 정리하고 암기하는 것입니다. 이러한 이유로 본서는 행정절차론 전 단원의 내용을 축약하여 판례를 정리하였습니다. 또한 시인성을 높이기 위하여 많은 내용들을 도식화하여 한 눈에 많은 내용을 정리할 수 있게 하였습니다. 기본이론이 숙지된 상태에서 8개 법에 대하여 주된 내용과 부수적인 내용을 선별하면서 많은 사례연습을 통한 학습이 필요할 것이며, 이에 대한 대비는 본서로 충분하리라 봅니다.

본서는 편저자가 2026년 제14회 행정사 자격시험을 대비하여 출간한 교재로 회가 거듭될수록 개정, 보완하여 출간할 것입니다. 본 편저자가 제1회 행정사 시험부터 강의를 시작하여 현재까지 강의를 하면서 쌓아온 경험과 노하우를 모두 쏟아부어 성심껏 최선을 다하여 교재를 구성하였습니다. 본서가 제14회 행정사 시험의 합격과, 행정절차론 과목의 고득점을 향한 이정표가 될 것임을 믿어 의심치 않습니다. 수험자 여러분들의 합격을 진심으로 기원합니다.

끝으로 본서가 나오기까지 도움 주신 ㈜박문각 출판사 관계자 여러분과 박문각 서울법학원 2관 관계자 여러분, 그리고 동료 행정사 교수진에게 감사드리고, 사랑하는 가족들에게 사랑과 감사를 전합니다.

"하늘은 스스로 돕는 자를 도울 것입니다." "I can do it"

2025. 11.
경기도 시흥시 정왕동 나래 행정사 사무소에서...

행정사 이상기 拜上

GUIDE

행정사 2차 시험 정보

1. 시험 일정: 매년 1회 실시

원서 접수	시험 일정	합격자 발표
2026년 8월경	2026년 10월경	2026년 12월경

2. 시험 과목 및 시간

교시	입실	시험 시간	시험 과목	문항 수	시험 방법
1교시	09:00	09:30~11:10 (100분)	[공통] ① 민법(계약) ② 행정절차론(행정절차법 포함)	과목당 4문항 (논술 1, 약술 3) ※ 논술 40점, 약술 20점	논술형 및 약술형 혼합
2교시	11:30	• 일반/해사 행정사 11:40~13:20 (100분) • 외국어번역 행정사 11:40~12:30 (50분)	[공통] ③ 사무관리론 (민원 처리에 관한 법률, 행정업무의 운영 및 혁신에 관한 규정 포함) [일반행정사] ④ 행정사실무법(행정심판사례, 비송사건절차법) [해사행정사] ④ 해사실무법(선박안전법, 해운법, 해사안전기본법, 해사교통안전법, 해양사고의 조사 및 심판에 관한 법률) [외국어번역행정사] ④ 해당 외국어(외국어능력시험으로 대체하며 영어, 중국어, 일본어, 프랑스어, 독일어, 스페인어, 러시아어의 7개 언어에 한함)		

3. 외국어능력검정시험 성적표 제출

2차 시험의 원서접수 마감일부터 거꾸로 계산하여 5년이 되는 날이 속하는 해의 1월 1일 이후에 실시된 외국어능력검정시험에서 취득한 성적으로 대체하며, 기준 점수 이상이어야 한다.

◈ 영어

시험명	TOEIC	TEPS	TOEFL	G-TELP	FLEX	IELTS
기준 점수	쓰기시험 150점 이상	쓰기시험 71점 이상	쓰기시험 25점 이상	GWT 작문시험에서 3등급 이상(1, 2, 3등급)	쓰기시험 200점 이상	쓰기시험 6.5점 이상

◆ 일본어, 중국어, 스페인어, 프랑스어, 독일어, 러시아어

시험명	FLEX (공통)	신HSK (중국어)	DELE (스페인어)	DELF/DALF (프랑스어)	괴테어학 (독일어)	TORFL (러시아어)
기준 점수	쓰기시험 200점이상	6급 또는 5급 쓰기 60점 이상	C1 또는 B2 작문 15점 이상	C2 독해/작문 25점 이상 및 C1 또는 B2 작문 12.5점 이상	C2 또는 B2 쓰기 60점 이상 및 C1 쓰기 15점 이상	1~4단계 쓰기 66% 이상

4. 시험의 면제

(1) 면제 대상
공무원으로 재직한 사람과 외국어 번역 업무에 종사한 경력이 있는 사람 등은 행정사 자격시험의 전부 또는 일부가 면제된다(제2차 시험 일부 과목 면제).

(2) 2차 시험 면제 과목

일반/해사행정사	행정절차론, 사무관리론
외국어번역행정사	민법(계약), 해당 외국어

5. 합격자 결정 방법

(1) 합격기준
1차 시험 및 2차 시험 합격자는 과목당 100점을 만점으로 하여 모든 과목의 점수가 40점 이상이고, 전 과목의 평균 점수가 60점 이상인 사람으로 한다(단, 2차 시험에서 외국어시험을 외국어능력검정시험으로 대체하는 경우에는 해당 외국어시험은 제외).

(2) 최소합격인원
2차 시험 합격자가 최소선발인원보다 적은 경우에는 최소선발인원이 될 때까지 모든 과목의 점수가 40점 이상인 사람 중에서 전 과목 평균점수가 높은 순으로 합격자를 추가로 결정한다. 이 경우 동점자가 있어 최소선발인원을 초과하는 경우에는 그 동점자 모두를 합격자로 한다.

GUIDE

출제경향 분석

시험 난이도

2025년 실시된 제13회 행정사 자격증 시험의 행정절차론 문제의 난이도는 다소 높은 편이었다고 판단합니다. 사례형 논술 문제의 경우 큰 어려움은 없었을 것으로 판단되는데, 약술형 문제 2번이 불의타 문제였다고 평가할 수 있습니다.

출제경향

논술형 문제는 침익적 처분 시 사전절차와 처분의 방식, 거부처분 시 사전절차에 대하여 출제된 바 이는 사례형 문제가 출제되는 과목의 특성에 비추어 출제가 예상되는 문제였습니다. 약술형 문제 2번의 경우 행정조사기본법의 문제인데 이는 사례형으로 행정절차법 문제와 유사하게 출제하여 혼돈을 주게 만든 것으로 그 또한 쉽지 않은 문제였습니다. 정확한 사례의 이해와 논점을 파악하여야 하기 때문에 답안 구성이 쉽지 않은 문제였습니다.

이하 약술형 문제들은 행정규제기본법과 개인정보 보호법의 조문을 출제한 바 이는 조문에 대한 충분한 학습을 한 수험자라면 큰 어려움 없이 답안을 작성할 수 있었을 것입니다.

학습방향

행정절차론 과목의 특성에 비추어 보았을 때, 사례형 문제의 경우 기본이론의 숙지와 함께 관련 판례에 대한 학습이 필요하며 이하 개별 법들도 관련 판례의 숙지와 함께 조문의 암기가 중요할 것입니다.

이상기 행정절차론
핵심요약집

구분	행정절차법	정보공개법	개인정보보호법	행정조사기본법	행정규제기본법	질서위반행위규제법	가족관계등록법	주민등록법
제1회	• 공청회(40점) • 행정예고(20점)			• 행정조사 기본원칙(20점)	• 행정규제의 개념과 행정규제 법정주의(20점)			
제2회	• 불이익한 처분 절차(40점) • 신고(20점)	• 비공개대상 정보(20점)	• 정보주체의 권리(20점)					
제3회	• 청문 주재자(20점)		• 영상정보처리기기(40점)	• 사전통지와 연기신청(20점)				• 주민등록증 재발급(20점)
제4회	• 불이익한 처분 절차(20점) • 절차상 하자의 효력(10점) • 하자의 치유(10점)	• 정보공개여부 결정 절차(20점)	• 개인정보 유출 통지(20점)			• 과태료 부과·징수 및 불복절차(20점)		
제5회	• 거부처분의 사전통지(20점) • 온라인공청회(20점)	• 정보공개청구권자와 공공기관(20점)			• 규제영향분석 및 자체심사(20점)		• 가족관계등록 부의 정정(20점)	
제6회	• 이유제시 하자의 효력(20점) • 하자의 치유(20점)	• 청구인의 구제수단(20점)		• 현장조사의 절차 및 제한(20점)		• 질서위반행위 성립(20점)		
제7회	• 청문(40점)		• 개인정보의 개념과 손해배상책임(20점)	• 기본원칙 및 위법한 행정조사(20점)	• 규제개혁위원회(20점)			
제8회	• 신뢰보호 원칙(20점) • 거부처분의 사전통지(20점)	• 제3자의 구제수단(20점)		• 행정조사 방법(20점)		• 관허사업의 제한과 고액·상습 체납자에 대한 제재(20점)		
제9회	• 적용범위(10점) • 절차상 하자 여부와 효력(30점)	• 정보공개청구권자와 비공개대상정보(20점)	• 개인정보자기결정권과 개인정보보호원칙(20점)			• 적용 범위(20점)		
제10회	• 처분 방식(20점) • 하자의 치유(20점)	• 공공기관과 부분공개(20점)		• 수시조사와 중복조사 제한(20점)	• 규제의 원칙과 규제개혁위원회(20점)			
제11회	• 사전통지(20점) • 의견제출(20점)	• 부분공개(20점)				• 관허사업의 제한(20점)		• 주민등록번호의 정정과 변경(20점)
제12회	• 신고의 법적 성질과 당사자 등(20점) • 거부처분의 사전통지, 이유제시(20점)		• 집단분쟁조정(20점)	• 자율관리체제의 구축신고(20점)		• 약식재판에 대한 이의신청(20점)		
제13회	• 불이익한 처분 절차(20점) • 처분 방식, 거부처분의 사전통지(20점)		• 목적외 이용·제공(20점)	• 위법한 행정조사와 처분의 관계(20점)	• 행정규제 법정주의, 규제의 원칙(20점)			

CONTENTS

차례

PART 01 행정절차법

Chapter 01 행정절차법 통칙
제1절 행정절차법 통칙의 이해 · 12
제2절 행정처분 전 절차의 이해 · 14

Chapter 02 사례형 대비 연습
제1절 사례형 문제 답안작성 목차 · 23
제2절 행정절차법령 및 관련판례 · 25
제3절 행정처분 전 절차의 정리 · 28
제4절 행정절차법령 관련판례 30선 · 34
제5절 행정절차법 사례 연습 · 48

Chapter 03 행정절차법 조문내용 정리 · 67

PART 02 공공기관의 정보공개에 관한 법률

제1절 정보공개절차 · 78
제2절 정보공개법령 및 관련판례 · 79
제3절 정보공개법 사례 연습 · 93

PART 03   개인정보 보호법

제1절 개인정보 보호 원칙 및 개인정보 보호위원회 · 102
제2절 개인정보 보호법 주요조문 비교정리(제15조, 제17조, 제18조) · 105
제3절 개인정보 보호법 조문내용 정리 · 108

PART 04   행정조사기본법 · 134

PART 05   행정규제기본법 · 150

PART 06   질서위반행위규제법 · 164

PART 07   가족관계의 등록 등에 관한 법률 · 178

PART 08   주민등록법 · 190

Chapter 01 행정절차법 통칙
Chapter 02 사례형 대비 연습
Chapter 03 행정절차법 조문내용 정리

행정사
이상기 행정절차론

PART

01

행정절차법

Chapter 01 행정절차법 통칙

제1절 행정절차법 통칙의 이해

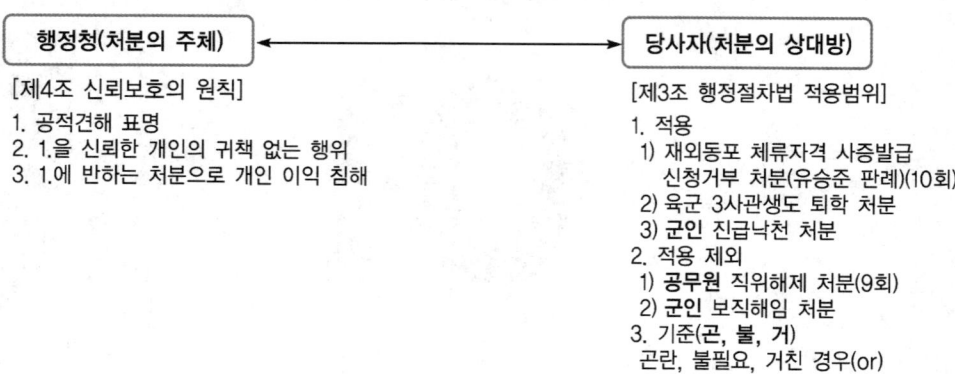

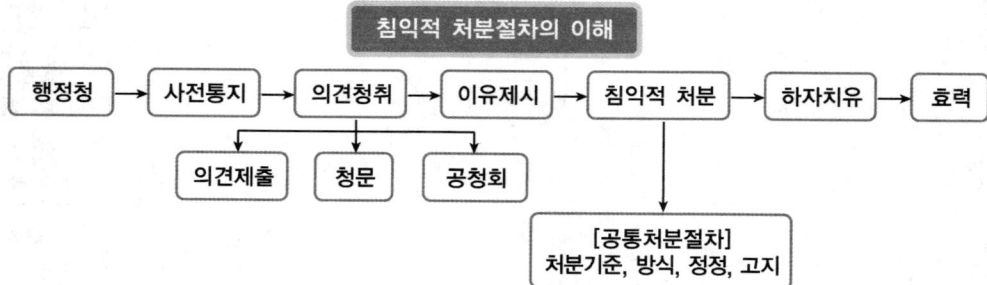

※사전절차를 거치지 않은 처분은 절차상 하자로 인한 취소(무효 아님, 判)

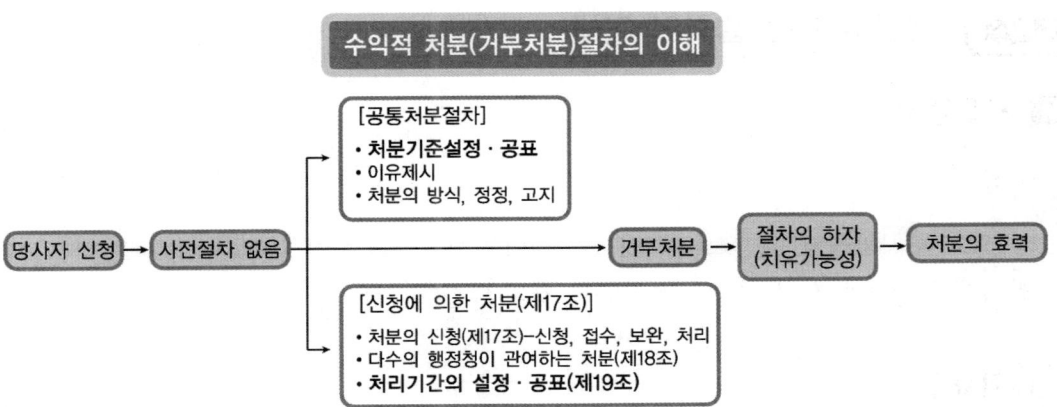

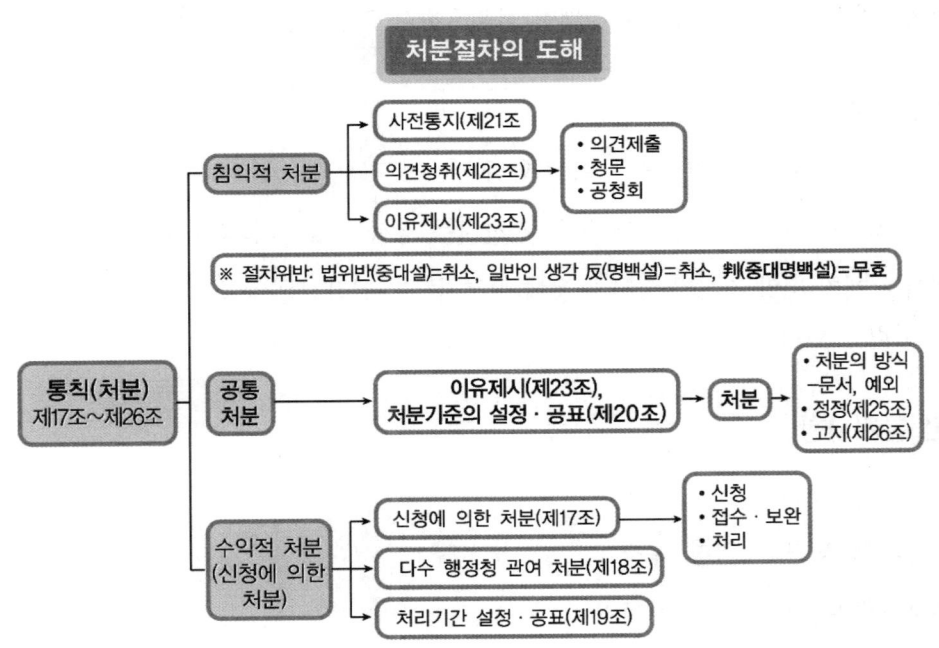

제2절 행정처분 전 절차의 이해

01 사전통지

1. 의의

행정청이 당사자에게 "의무를 부과하거나 권익을 제한하는 처분"(침익적 처분)을 하는 경우에 당사자 등에게 관련 사항을 통지하는 것을 말한다.

2. 예외사유

(1) 공공의 안전 또는 복리상 긴급히 처분할 필요
(2) 법령 등에서 반드시 일정한 처분을 하여야 한다는 사실이 법원의 재판 등에 의하여 객관적으로 증명된 경우
(3) 의견청취가 현저히 곤란하거나 명백히 불필요하다고 인정될 만한 상당 이유

3. 사전통지기간

(1) 의견제출은 10일 이상 기간을 주어야 한다.
(2) 청문은 청문이 시작되는 날부터 10일 전까지는 당사자 등에게 통지하여야 한다.
(3) 공청회는 개최 14일 전까지 당사자 등에게 통지하고 일간신문 등에 공고하는 등의 방법으로 널리 알려야 한다.

4. 사전 통지사항

(1) 처분의 제목
(2) 당사자의 성명 또는 명칭, 주소
(3) 처분사실, 처분내용 및 법적 근거
(4) 의견제출기관의 명칭 및 주소
(5) 의견제출기한 등

5. 관련사항

1) 판시내용

판례는 침익적 행정처분의 경우 사전통지의 절차적 하자를 처분의 독자적 위법사유로 판시하고 있으며, 신청에 대한 거부처분은 직접 당사자의 권익을 제한하는 것은 아니므로 사전통지의 대상이 아니라고 판시하였다.

2) 거부처분 시 사전통지의 필요성 여부

(1) 학설
① 부정설: 거부처분은 직접당사자의 권익을 제한하는 처분에 해당하지 않으며, 거부처분의 경우 신청과정에서 행정청과 협의를 계속하고 있는 상태이므로 사전통지를 요하지 않는다.
② 긍정설: 신청에 대한 거부처분은 당사자의 권익을 제한하는 처분에 해당하며, 신청 후 긍정적인 처분이 이루어질 것을 기대하므로 거부처분은 기대이익을 제한하는 처분에 해당한다 할 수 있어 사전통지가 필요하다.

(2) 판례
신청에 대한 거부처분은 직접 당사자의 권익을 제한하는 것은 아니므로 처분의 사전통지의 대상이 된다고 할 수 없다[대판 2003.11.28. 2003두674(임용거부처분취소) - 인천대 사건].

02 의견제출

1. 의의

행정청이 당사자에게 침익적 처분을 하기 전에 행하는 의견청취 절차로서 청문과 공청회에 해당하지 아니하는 절차를 말한다.

2. 예외사유

(1) 공공의 안전 또는 복리를 위하여 긴급히 처분을 할 필요가 있는 경우
(2) 법령 등에서 요구된 자격이 없거나 없어지게 되면 반드시 일정한 처분을 하여야 하는 경우에 그 자격이 없거나 없어지게 된 사실이 법원의 재판 등에 의하여 객관적으로 증명된 경우
(3) 해당 처분의 성질상 의견청취가 현저히 곤란하거나 명백히 불필요하다고 인정될 만한 상당한 이유가 있는 경우
(4) 당사자가 의견진술의 기회를 포기한다는 뜻을 의견진술 기간 내에 명백히 표시한 경우

3. 의견 제출자

(1) 행정처분의 직접 상대인 당사자

(2) 행정청이 직권 또는 신청에 의하여 행정절차에 참여하게 한 이해관계인

4. 의견제출 방식

(1) 당사자 등은 처분 전에 그 처분의 관할 행정청에 서면이나 말로 또는 정보통신망을 이용하여 의견제출을 할 수 있다.

(2) 당사자 등이 정당한 이유 없이 의견제출 기한까지 의견제출을 하지 아니한 경우에는 의견이 없는 것으로 본다.

5. 의견 반영

(1) 행정청은 처분을 할 때에 당사자 등이 제출한 의견이 상당한 이유가 있다고 인정하는 경우에는 이를 반영하여야 한다.

(2) 행정청은 당사자 등이 제출한 의견을 반영하지 아니하고 처분을 한 경우 당사자 등이 처분이 있음을 안 날부터 90일 이내에 그 이유의 설명을 요청하면 서면으로 그 이유를 알려야 한다. 다만, 당사자 등이 동의하면 말, 정보통신망 또는 그 밖의 방법으로 알릴 수 있다.

6. 절차 위반

판례에 의하면 행정처분의 취소사유에 해당한다. 진급낙천처분취소 판례에 의하면 진급예정자명단에 포함된 자에 대하여 의견제출(의견진술)의 기회를 부여하지 아니한 채 진급선발을 취소하는 처분을 한 것은 절차상 하자가 있어 위법하다고 판시하였다.

> 진급선발취소처분함에 있어 행정절차에 준하는 절차를 거치도록 하는 규정이 없고, 성질상 거치기 곤란, 불필요한 처분이라 보기 어려워 「행정절차법」상 절차를 거쳐야 함[진급낙천처분(군인), 직권면직처분 포함(대판 2006두20631)]

03 청문

1. 의의
행정청이 당사자에게 침익적 처분을 하기 전에 의견을 직접 듣고 증거를 조사하는 절차를 말한다.

2. 청문 요건
(1) 다른 법령 등에서 청문을 실시하도록 규정하고 있는 경우

(2) 행정청이 필요하다고 인정하는 경우

(3) 인허가 등의 취소, 신분·자격의 박탈, 법인이나 조합 등의 설립허가의 취소의 처분을 하는 경우

3. 예외사유
(1) 공공의 안전 또는 복리를 위하여 긴급히 처분을 할 필요가 있는 경우

(2) 법령 등에서 요구된 자격이 없거나 없어지게 되면 반드시 일정한 처분을 하여야 하는 경우에 그 자격이 없거나 없어지게 된 사실이 법원의 재판 등에 의하여 객관적으로 증명된 경우

(3) 해당 처분의 성질상 의견청취가 현저히 곤란하거나 명백히 불필요하다고 인정될 만한 상당한 이유가 있는 경우

(4) 당사자가 의견진술의 기회를 포기한다는 뜻을 의견진술 기간 내에 명백히 표시한 경우

4. 청문절차

(1) **청문 주재자**

행정청은 소속 직원 또는 대통령령으로 정하는 자격을 가진 사람 중에서 청문 주재자를 공정하게 선정하여야 한다.

(2) **청문 주재자 2명 이상 선정사유**
① 다수 국민의 이해가 상충되는 처분
② 다수 국민에게 불편이나 부담을 주는 처분
③ 그 밖에 전문적이고 공정한 청문을 위하여 행정청이 청문 주재자를 2명 이상으로 선정할 필요가 있다고 인정하는 처분

(3) 행정청의 청문 통지
① 청문 주재자: 청문이 시작되는 날부터 7일 전까지
② 당사자: 청문이 시작되는 날부터 10일 전까지

5. 결과 반영

행정청은 처분을 할 때에 청문조서, 청문 주재자의 의견서, 그 밖의 관계 서류 등을 충분히 검토하고 상당한 이유가 있다고 인정하는 경우에는 청문결과를 반영하여야 한다.

6. 청문 불출석

청문 주재자는 당사자 등의 전부 또는 일부가 정당한 사유로 청문기일에 출석하지 못하거나 의견서를 제출하지 못한 경우에는 <u>10일 이상</u>의 기간을 정하여 이들에게 의견진술 및 증거제출을 요구하여야 하며, 해당 기간이 지났을 때에 청문을 마칠 수 있다.

7. 청문절차의 하자

판례에 따르면 취소사유에 해당한다.

04 공청회

1. 의의

행정청이 공개적인 토론을 통하여 어떠한 처분에 대하여 당사자 등, 전문가, 그 밖의 일반인으로부터 의견을 널리 수렴하는 절차를 말한다.

2. 요건

(1) 다른 법령 등에서 공청회를 개최하도록 규정하고 있는 경우

(2) 처분의 영향이 광범위하여 널리 의견을 수렴할 필요가 있다고 행정청이 인정하는 경우

(3) 국민생활에 큰 영향을 미치는 처분(국민 다수의 생명, 안전 및 건강에 큰 영향을 미치는 처분 또는 소음 및 악취 등 국민의 일상생활과 관계되는 환경에 큰 영향을 미치는 처분)으로써 30명 이상의 당사자 등이 공청회 개최를 요구하는 경우

3. 예외사유

(1) 공공의 안전 또는 복리를 위하여 긴급히 처분을 할 필요가 있는 경우

(2) 법령 등에서 요구된 자격이 없거나 없어지게 되면 반드시 일정한 처분을 하여야 하는 경우에 그 자격이 없거나 없어지게 된 사실이 법원의 재판 등에 의하여 객관적으로 증명된 경우

(3) 해당 처분의 성질상 의견청취가 현저히 곤란하거나 명백히 불필요하다고 인정될 만한 상당한 이유가 있는 경우

(4) 당사자가 의견진술의 기회를 포기한다는 뜻을 의견진술 기간 내에 명백히 표시한 경우

4. 절차

1) 공청회 개최 알림

공청회 개최 14일 전까지 당사자 등에게 통지하고 관보, 공보, 인터넷 홈페이지 또는 일간신문 등에 공고하는 등의 방법으로 널리 알려야 한다. 다만, 공청회 개최를 알린 후 예정대로 개최하지 못하여 새로 일시 및 장소 등을 정한 경우에는 공청회 개최 7일 전까지 알려야 한다.

2) 온라인공청회

(1) **원칙**

행정청은 공청회와 병행하여서만 온라인공청회를 실시할 수 있다.

(2) **온라인공청회 단독 개최요건**

① 국민의 안전 또는 권익보호 등의 이유로 공청회를 개최하기 어려운 경우
② 공청회가 행정청이 책임질 수 없는 사유로 개최되지 못하거나 개최는 되었으나 무산된 횟수가 3회 이상인 경우
③ 행정청이 널리 의견수렴을 위하여 온라인공청회를 단독으로 개최할 필요가 있다고 인정하는 경우

3) 공청회 주재자 및 발표자

(1) 행정청은 해당 공청회의 사안과 관련된 분야에 전문적 지식이 있거나 그 분야에 종사한 경험이 있는 사람 중에서 공청회의 주재자를 선정한다.

(2) 공청회의 발표자는 발표를 신청한 사람 중에서 행정청이 선정한다.

4) 결과반영

행정청은 처분을 할 때에 공청회, 온라인공청회 및 정보통신망 등을 통하여 제시된 사실 및 의견이 상당한 이유가 있다고 인정하는 경우에는 이를 반영하여야 한다.

05 이유제시

1. 의의

행정청은 처분의 이유를 제시하는 경우에는 처분의 원인이 되는 사실과 근거가 되는 법령 또는 자치법규의 내용을 구체적으로 명시하여야 한다.

2. 예외사유

(1) 신청 내용을 모두 그대로 인정하는 처분인 경우

(2) 단순·반복적인 처분 또는 경미한 처분으로서 당사자가 그 이유를 명백히 알 수 있는 경우

(3) 긴급히 처분을 할 필요가 있는 경우

(4) 행정청은 (2)와 (3)의 경우에 처분 후 당사자가 요청하는 경우에는 그 근거와 이유를 제시하여야 한다.

3. 구체적 이유제시

처분의 주된 법적 근거 및 사실상의 사유를 구체적으로 제시하여야 한다.

4. 관련판례

(1) 일반주류도매업 면허취소처분 취소

세무서장인 피고가 주류도매업자인 원고에 대하여 한 이 사건 일반주류도매업 면허취소통지에 "상기 주류도매장은 무면허 주류판매업자에게 주류를 판매하여 「주세법」 제11조 및 「국세법사무처리규정」 제26조에 의거 지정조건위반으로 주류판매면허를 취소합니다"라고만 되어 있어서 원고의 영업기간과 거래상대방 등에 비추어 원고가 어떠한 거래행위로 인하여 이 사건 처분을 받았는지 알 수 없게 되어 있다면 이 사건 면허취소처분은 위법하다(대판 90누1786).

(2) 토지형질변경 불허가처분 취소

① 신청하는 인·허가 등을 거부하는 처분을 함에 있어 당사자가 그 근거를 알 수 있을 정도로 상당한 이유를 제시한 경우에는 당해 처분의 근거 및 이유를 구체적 조항 및 내용까지 명시하지 않았더라도 그로 말미암아 그 처분이 위법한 것이 된다고 할 수 없다.

② 행정청이 토지형질변경허가신청을 불허하는 근거규정으로 「도시계획법 시행령」 제20조를 명시하지 아니하고 「도시계획법」이라고만 기재하였으나, 신청인이 자신의 신청이 개발제한구역의 지정목적에 현저히 지장을 초래하는 것이라는 이유로 구 「도시계획법 시행령」 제20조 제1항 제2호에 따라 불허된 것임을 알 수 있었던 경우, 그 불허처분이 위법하지 아니하다(대판 2000두8912).

06 행정처분 절차의 하자

1. 문제제기

행정처분을 함에 있어 사전통지 등 사전절차의 하자와 관련한 행정처분의 효과

2. 독자적 위법성 여부

(1) 학설

① 소극설: 절차상 하자만을 이유로 취소할 수 없고, 내용상 하자가 있어야 취소할 수 있다.
② 적극설: 절차상 하자만을 이유로 취소할 수 있다.
③ 절충설: 기속행위의 경우 절차의 하자로 취소할 수 없고, 재량행위는 행정청의 기본처분과 다른 처분을 할 수도 있으므로 절차상 하자로 취소할 수 있다.

(2) 판례

판례는 적극설의 입장을 취하고 있다. 절차적 요건을 갖추지 못한 공정거래위원회의 시정조치 또는 과징금 납부명령은 설령 실체법적 사유를 갖추고 있다 하더라도 위법하여 취소를 면할 수 없다.

(3) 검토

「헌법」 제12조 적법절차의 원리와 현행 「행정소송법」상 절차위법을 이유로 한 취소판결 등에 비추어 절차 중시 행정을 유도하는 것이 타당하므로 적극설이 타당하다고 보아 절차상 하자의 독자적 위법성을 인정하여야 할 것이다.

3. 하자의 치유

1) 치유 가능성

(1) 학설
① **부정설**: 사인의 권리보호, 행정결정의 신중성 확보, 자의배제 등을 이유로 하자의 치유를 부정하는 견해
② **긍정설**: 행정경제·소송경제, 행정의 효율성 확보 등을 이유로 하자의 치유를 긍정하는 견해
③ **제한적 긍정설**: 하자의 치유는 원칙적으로 부정되지만, 예외적으로 국민의 권익침해가 없는 한도 내에서 제한적으로 하자의 치유가 가능하다는 견해(통설)

(2) 판례
행정행위의 하자의 치유는 법치주의 관점에서 원칙적으로 부정되지만, 국민의 권익침해가 없는 범위에서 구체적 사정에 따라 예외적으로 인정해야 한다.

(3) 검토
행정경제와 국민의 권익구제 사이의 조화를 꾀하는 제한적 긍정설(판례)이 타당하다.

2) 치유시기

판례는 절차상 하자의 치유가 인정되는 시기는 행정쟁송 제기 전에 한하여 치유가 가능하다고 판시하였다.

3) 치유의 효과

절차상 위법은 제거되고 당해 행정행위는 처음부터 적법한 행위가 된다.

Chapter 02 사례형 대비 연습

제1절 사례형 문제 답안작성 목차

01 기본형 목차순서

```
Ⅰ. 서(론)=문제제기, 논점정리
절차상 하자가 해당 처분을 위법하게 만드는지 검토해 보도록 하겠다.
※ 행정청 → 신뢰보호원칙, 당사자 → 절차법 적용 여부

Ⅱ. 절차
1. 사전통지
  1) 의의
  2) 예외사유
2. 의견제출
  1) 의의
  2) 예외사유
3. 청문
  1) 의의
  2) 요건
  3) 예외사유
4. 공청회
  1) 의의
  2) 요건
  3) 예외사유
5. 이유제시(하자치유 중요)
  1) 의의
  2) 예외사유

Ⅲ. 하자치유(절차)=처분 이후
1. 치유 가능성
2. 치유 시기
3. 치유 효과

Ⅳ. 효력
1. 학설 등
  1) 학설
    (1) 소극설
    (2) 적극설
    (3) 절충설
```

2) 판례
      적극설 (공정거래위원회 판례)
   3) 검토
2. 판례기술
   판례에 따르면 신청에 대한 거부처분은 '직접당사자의 권익을 제한하는 처분'에 해당한다고 할 수 없어 사전통지의 대상이 되지 않는다고 판시하였다[判 2003.11.28. 2003도674 임용거부처분취소(인천대 사건)].

Ⅴ. 결론(사안의 해결)
1. 관련판례에 따르면 위법하다.
2. 사안의 경우 관련판례에 따르면 해당처분은 위법하다.

02 하자치유 문제의 답안 목차

Ⅰ. 서(론) 문제제기

Ⅱ. 절차
1. 사통
2. 의견제출
3. 청문
4. 공청회
5. 이유제시

Ⅲ. 하자치유
1. 의의
2. 가능성
3. 치유시기
4. 효과

Ⅳ. 효력
1. 학설(20점 배점 시 기재)
2. 판례
3. 검토

Ⅴ. 결론
1. 관련판례에 따르면 ~~
2. 사안의 경우 ~~~ 위법하다.

제2절 행정절차법령 및 관련판례

01 적용 범위

1. 법 제3조 제1항

처분, 신고, 확약, 위반사실 등의 공표, 행정계획, 행정상 입법예고, 행정예고 및 행정지도의 절차에 관하여 다른 법률에 특별한 규정이 있는 경우를 제외하고는 이 법에서 정하는 바에 따른다.

> **제9호 적용 제외**
>
> 「병역법」에 따른 징집·소집, 외국인의 출입국·난민인정·귀화, 공무원 인사 관계 법령에 따른 징계와 그 밖의 처분, 이해 조정을 목적으로 하는 법령에 따른 알선·조정·중재(仲裁)·재정(裁定) 또는 그 밖의 처분 등 해당 행정작용의 성질상 행정절차를 거치기 곤란하거나 거칠 필요가 없다고 인정되는 사항과 행정절차에 준하는 절차를 거친 사항으로서 대통령령으로 정하는 사항

2. 영 제2조(적용제외) 법 제3조 제2항 제9호에서 "대통령령으로 정하는 사항"이라 함은 다음의 어느 하나에 해당하는 사항을 말한다.

(1) 「병역법」, 「예비군법」, 「민방위기본법」, 「비상대비자원 관리법」, 「대체역의 편입 및 복무 등에 관한 법률」에 따른 징집·소집·동원·훈련에 관한 사항

(2) 외국인의 출입국·난민인정·귀화·국적회복에 관한 사항

(3) 공무원 인사관계법령에 의한 징계 기타 처분에 관한 사항

(4) 이해조정을 목적으로 법령에 의한 알선·조정·중재·재정 기타 처분에 관한 사항

(5) 조세관계법령에 의한 조세의 부과·징수에 관한 사항

(6) **「독점규제 및 공정거래에 관한 법률」, 「하도급거래 공정화에 관한 법률」, 「약관의 규제에 관한 법률」에 따라 공정거래위원회의 의결·결정을 거쳐 행하는 사항**

(7) 「국가배상법」, 「공익사업을 위한 토지 등의 취득 및 보상에 관한 법률」에 따른 재결·결정에 관한 사항

(8) 학교·연수원 등에서 교육·훈련의 목적을 달성하기 위하여 학생·연수생등을 대상으로 행하는 사항

(9) 사람의 학식·기능에 관한 시험·검정의 결과에 따라 행하는 사항

02 적용 대상 관련판례

1. 재외동포 체류자격 사증발급 신청거부처분(유승준)

적용 제외 대상인 '외국인의 출입국에 관한 사항'에 해당하지 않아 「행정절차법」상 절차가 필요함(대판 2017두38874)

2. 육군3사관학교 퇴학처분

육군3사관학교생도 퇴학처분은 신분박탈 징계처분으로 「행정절차법 시행령」 제2조 제8호에 해당하지 않아 「행정절차법」상 절차를 거쳐야 함(대판 2916두33339)

3. 진급낙천처분(군인), 직권면직처분 포함

진급선발취소처분함에 있어 행정절차에 준하는 절차를 거치도록 하는 규정이 없고, 성질상 거치기 곤란, 불필요한 처분이라 보기 어려워 「행정절차법」상 절차를 거쳐야 함(대판 2006두20631)

4. 학원수강료 개별조정명령

「학원법」상 수강료 개별조정명령은 「행정절차법 시행령」 제2조 제4호 '이해조정을 목적으로 법령에 의한 알선·조정·중재·재정 기타 처분에 관한 사항'에 해당하지 않아 「행정절차법」상 사전통지와 의견제출기회를 부여하여야 함(행법 2008구합 12504)

5. 산업기능요원의 편입취소처분

산업기능요원의 편입취소처분은 「행정절차법」 적용 제외 대상이 아니므로 「행정절차법」 규정을 적용하여야 함(대판 2002두554)

03 적용 제외 관련판례

1. 직위해제처분(공무원)

「국가공무원법」상 직위해제처분은 「행정절차법」 적용제외 대상임(대판 2012두26180)

2. 보직해임처분(군인)

「군인사법」상 보직해임처분은 행정절차에 준하는 절차를 거친 사항이므로 적용제외 대상임(대판 2012두5756)

3. 계약직공무원 계약해지

계약직공무원에 대한 계약(공법상 계약) 해지는 「행정절차법」상 "처분"이 아니므로 적용대상이 아님. 따라서 근거와 이유제시 불필요(대판 2002두5948). 단, 직권면직처분은 「행정절차법」 "처분" 적용대상임

4. 법무사자격 불인정처분

법무사자격 불인정처분은 「행정절차법 시행령」 제2조 제9호 '사람의 학식, 기능에 관한 시험, 검정의 결과에 해당하는 사항'에 해당되어 적용제외 대상임(대판 2014두41343)

04 행정절차를 거치기 곤란, 불필요한 사례 판례(원칙적 적용제외, 예외인정)

1. 외국인의 출입국, 난민인정, 귀화, 국적회복에 관한 사항

(예외: 재외동포 체류자격 사증발급 신청거부처분(유승준)은 법 적용 대상)

2. 학교·연수원등에서 교육·훈련의 목적을 달성하기 위하여 학생·연수생 등을 대상으로 행하는 사항

(예외: 육군3사관학교 퇴학처분은 법 적용 대상)

3. 사람의 학식·기능에 관한 시험·검정의 결과에 따라 행하는 사항

대판 2014두41343 [법무사자격 불인정처분]
경찰관 → 검찰청 파견 5년 근무 → 검찰사무직 특채 12년 근무 → 퇴직 → 법무사자격인정신청=15년 근무요건 불인정처분(영 제2조 제9호 해당하여 「행정절차법」 적용대상 아님)

05 행정절차를 준하는 절차를 거친 경우 사례, 판례

1. 공무원 인사관계법령에 의한 징계 기타 처분에 관한 사항

(예외: 공무원직위해제처분 및 보직해임처분 법 적용대상 아님. 단, 군인진급낙천처분은 법 적용 대상)

2. 「공정거래법」, 「하도급법」, 「약관규제법」에 따라 공정거래위원회의 의결·결정을 거쳐 행하는 사항 '공정위 시정조치 및 과징금 납부명령'은 「공정거래법」상 의견진술 규정이 있으므로 「행정절차법」을 적용하여 의견청취 절차를 생략할 수 없다(대판 2000두10212).

제3절 행정처분 전 절차의 정리

01 사전통지

1. 의의

행정청이 당사자에게 **"의무를 부과하거나 권익을 제한하는 처분"**(침익적 처분)을 하는 경우에 당사자 등에게 관련 사항을 통지하는 것을 말한다.

2. 예외 [긴, 증, 인]

(1) 공공의 안전 또는 복리상 **긴**급히 처분할 필요
(2) 법령 등에서 반드시 일정한 처분을 하여야 한다는 사실이 법원의 재판 등에 의하여 객관적으로 **증**명된 경우
(3) 의견청취가 현저히 곤란하거나 명백히 불필요하다고 **인**정될 만한 상당 이유

02 의견제출

1. 의의

행정청이 침익적 처분을 하기 전에 당사자 등이 의견을 제시하는 절차로서 청문과 공청회에 해당하지 아니하는 절차를 말한다.

2. 예외 [긴, 증, 인, 포기]

(1) 사통 예외사유
(2) 당사자가 의견진술 기회 **포기** 의사를 명백히 표시한 경우

03 청문

1. 의의

행정청이 침익적 처분을 하기 전에 당사자 등의 의견을 직접 듣고 증거를 조사하는 절차를 말한다.

2. 요건 [타법, 인정, 취2박]

(1) 타법 청문 규정

(2) 행정청이 필요성 인정

(3) **다음 사항 처분** [취2박]
  ① 인·허가 등 취소
  ② 법인·조합 등 설립 허가 취소
  ③ 신분·자격의 박탈

3. 예외 [사통 및 포기]

(1) 사통 예외사유

(2) 의견진술 기회 포기 의사 명백 표시

4. 청문 주재자 2인 선정사유 [다수 상, 부, 2명−인정]

(1) 다수 국민의 이해 상충 처분

(2) 다수 국민에게 부담을 주는 처분

(3) 공정한 청문을 위해 2명 이상 선정 필요 인정

04 공청회

1. 의의

행정청이 **공개적인 토론**을 통하여 어떠한 처분에 대하여 당사자 등, 전문가, 그 밖의 일반인으로부터 **의견을 널리 수렴하는 절차**를 말한다.

2. 요건 [타법, 인정, 30명]

(1) 타법 규정

(2) 해당 처분의 영향이 광범위하여 널리 의견을 수렴할 필요가 있다고 인정하는 경우

(3) 국민생활에 큰 영향을 미치는 처분으로써 대통령령으로 정하는 수(30명) 이상의 당사자가 개최를 요구하는 경우

3. 예외 [사통 및 포기]

(1) 사통 예외사유

(2) 의견진술 기회 포기 의사 명백 표시

4. 온라인 단독 개최 사유 [생명, 3회, 인정]

(1) 국민의 생명 등 안전을 이유로 오프라인 공청회가 어려운 경우

(2) 오프라인 공청회가 행정청 귀책 사유 없이 3회 이상 무산된 경우

(3) 온라인 단독 개최 필요가 인정된 경우

05 이유제시(침익적, 수익적 처분 공통절차)

1. 의의

행정청이 당사자에게 처분을 할 때 그 근거와 이유를 제시하여야 한다.

2. 예외 [긴, 인, 명]

(1) 긴급 처분

(2) 신청내용 모두 인정하는 처분인 경우

(3) 단순 또는 경미한 처분으로써 당사자가 그 이유, 명백히 알 수 있는 경우

3. 절차

구체적으로 제시하지 않으면 위법, 치유되지 않음

06 처분의 공통절차

1. 처분기준 설정·공표(제20조)

구체적으로 정하여 공표(변경 포함)

2. 이유제시(제23조)

처분의 근거, 이유

3. 처분의 방식(제24조)

(1) 원칙

문서 또는 전자문서(동의, 신청) → **위반 시 중대명백설, 판례=무효**(유승준)

(2) 예외

문자, 팩스, 전화 등(긴급, 경미)

4. 정정(제25조)

오기(誤記), 오산(誤算)

5. 고지(제26조)

고지는 처분이 아니므로 불복절차에 대한 고지가 없었다고 해서 무효는 아니다(判).

07 절차의 하자(치유)

처분 이후 절차의 하자에 대한 치유 가능성(효력)

1. 학설

(1) 소극설

절차상 하자만을 이유로 취소할 수 없다.

(2) 적극설

취소할 수 있다.

(3) 절충설

기속행위의 경우 취소할 수 없고, 재량행위의 경우 취소할 수 있다.

2. 판례

(1) 재량행위, 기속행위 모두 적극설 입장

(2) "절차적 요건을 갖추지 못한 공정거래위원회의 시정조치 또는 과징금 납부명령은 실체법적 사유를 갖추고 있다고 하더라도 위법하여 취소를 면할 수 없다."

3. 검토

현행 「행정소송법」이 절차의 위법을 이유로 취소판결을 인정하고 있으므로 절차 중시 행정을 유도하는 측면에서 판례처럼 적극설이 타당하다고 본다.

4. 절차상 하자의 치유 가능성

(1) **의의**

행정청이 **처분 이후에** 사전통지, 의견청취 등 절차를 거쳤다면 그 절차상 하자가 치유될 수 있는지 알아보도록 하겠다.

(2) **치유 가능성**

판례는 국민의 권익에 침해가 없는 범위 내에서 인정해야 한다고 판시하고 있다.

(3) **치유 시기**

판례에 따르면 행정쟁송제기 전에 한하여 치유가 가능하다고 판시하였다.

(4) **치유 효과**

판례에 따르면 절차상 위법은 제거되고 소급하여 처분은 적법하게 된다고 판시하였다.

◆ 처분절차 목차 및 핵심정리

목차	사전통지	의견청취			이유제시 (침익, 수익공통)
		의견제출	청문	공청회	
1. 의의 (개념)	의무부과, 권익제한 관련사항 통지	침익적 처분 전 청문과 공청회 아닌 절차	침익적 처분 전 의견청취 및 증거조사	공개적 토론, 널리 의견 수렴(당사자, 전문가)	처분 시 근거 및 이유
2. 요건	침익적 처분 (답안 ×)	침익적 처분 (답안 ×)	1. 타법 규정 2. 행정청 인정 3. 인·허가, 설립허가 취소 4. 신분·자격 박탈	1. 타법 규정 2. 영향 광범위 필요인정 3. 30명 이상 개최 요구	침익적, 수익적 처분 시
3. 예외	긴급, 증명, 인정	긴급, 증명, 인정, **포기**			긴급, 인정, **명백**
4. 절차	기간(10일 이상) 처분사항	의견제출**자**(者) (의견반영)	청문주재**자**(의견반영) 10일 이상 ※ 청문 주재자 2명 선정사유 1. 다수국민 이해 상충 2. 다수국민 부담 3. 행정청 필요 인정	공청회 주재**자**, 발표**자** 14일 전 ※ 온라인 단독개최 사유 1. 국민생명이유 오프라인 × 2. 행정청 귀책 없이 3회 무산 3. 널리 의견 수렴 목적, 행정청 필요 인정	구체적 제시 反 위법, 치유불가
5. 판례		진급낙천 처분	청문통지서 2회 반송	법령 등 제·개·폐, 중대정책 예 버스전용차선제, 쓰레기 소각장 설치, 쓰레기 종량제	주류도매업면허 취소

제4절 행정절차법령 관련판례 30선

01 육군3사관학교 퇴교처분취소

1. 행정절차법 제3조 - 적용범위

「행정절차법 시행령」 제2조 제8호는 '학교·연수원 등에서 교육·훈련의 목적을 달성하기 위하여 학생·연수생들을 대상으로 하는 사항'을 「행정절차법」의 적용이 제외되는 경우로 규정하고 있으나, 이는 교육과정과 내용의 구체적 결정, 과제의 부과, 성적의 평가, 공식적 징계에 이르지 아니한 질책·훈계 등과 같이 교육·훈련의 목적을 직접 달성하기 위하여 행하는 사항을 말하는 것으로 보아야 하고, 생도에 대한 퇴학처분과 같이 신분을 박탈하는 징계처분은 여기에 해당한다고 볼 수 없다.

2. 법 제12조 - 대리인

육군3사관학교의 사관생도에 대한 징계절차에서 징계심의대상자가 대리인으로 선임한 변호사가 징계위원회 심의에 출석하여 진술하려고 하였음에도, 징계권자나 그 소속 직원이 변호사가 징계위원회의 심의에 출석하는 것을 막았다면 징계위원회 심의·의결의 절차적 정당성이 상실되어 그 징계의결에 따른 징계처분은 위법하여 원칙적으로 취소되어야 한다. 다만 대리인이 관련된 행정절차나 소송절차에서 이미 실질적인 증거조사를 하고 의견을 진술하는 절차를 거쳐서 징계심의대상자의 방어권 행사에 실질적으로 지장이 초래되었다고 볼 수 없는 특별한 사정이 있는 경우에는, 징계권자가 징계심의대상자의 대리인에게 징계위원회에 출석하여 의견을 진술할 기회를 주지 아니하였더라도 그로 인하여 징계위원회 심의에 절차적 정당성이 상실되었다고 볼 수 없으므로 징계처분을 취소할 것은 아니다(대판 2016두33339).

02 법무사자격 불인정처분 - 적용범위

경찰로 재직하면서 검찰청에 파견되어 약 5년간 근무하다가 검찰사무직렬 공무원으로 특채되어 12년 3개월간 근무한 甲이 「법무사법」 부칙 제5조에 따라 법무사자격 인정신청을 하였으나 자격이 인정되지 않는다는 이유로 법무사자격(검찰경력 15년 이상) 불인정처분을 받은 사안에서, 법무사자격 인정제도는 「행정절차법 시행령」 제2조 제9호에서 정한 '사람의 학식·기능에 관한 시험·검정의 결과에 따라 행하는 사항'에 해당하므로 위 처분에는 「행정절차법」이 적용되지 않는다(대판 2014두41343).

03 사증발급거부처분취소 — 적용범위, 처분의 방식

(1) 「행정절차법」의 적용이 제외되는 '외국인의 출입국에 관한 사항'이란 해당 행정작용의 성질상 행정절차를 거치기 곤란하거나 거칠 필요가 없다고 인정되는 사항이나 행정절차에 준하는 절차를 거친 사항으로서 「행정절차법 시행령」으로 정하는 사항만을 가리킨다. '외국인의 출입국에 관한 사항'이라고 하여 행정절차를 거칠 필요가 당연히 부정되는 것은 아니다.

(2) 외국인의 사증발급 신청에 대한 거부처분은 당사자에게 의무를 부과하거나 적극적으로 권익을 제한하는 처분이 아니므로, 「행정절차법」 제21조 제1항에서 정한 '처분의 사전통지'와 제22조 제3항에서 정한 '의견제출 기회 부여'의 대상은 아니다. 그러나 사증발급 신청에 대한 거부처분의 성질상 「행정절차법」 제24조(처분의 방식)에 정한 절차를 따르지 않고 행한 처분은 처분의 하자가 중대·명백하여 무효이다(대판 2017두38874).

04 군인 보직해임 — 적용범위

(1) 보직해임에 관한 구 「군인사법」 제17조 제3항에서 장교를 보직해임할 때에는 보직해임심의위원회의 의결을 거치도록 하며, 구 「군인사법 시행령」 제17조의5 제1항, 제3항에서 보직해임심의위원회는 회의개최 전에 회의일시, 장소 및 심의사유 등을 심의대상자에게 통보하여야 하고, 심의대상자는 보직해임심의위원회에 출석하여 소명하거나 소명에 관한 의견서를 제출할 수 있으며, 보직해임심의위원회가 의결을 한 경우에는 그 내용을 심의대상자에게 서면으로 통보하도록 함으로써 심의대상자에게 방어의 준비 및 불복의 기회를 보장하고 인사권자의 판단에 신중함과 합리성을 담보하게 하고 있다.

(2) 그렇다면 구 「군인사법」상 보직해임처분은 구 「행정절차법」 제3조 제2항 제9호, 같은 법 시행령 제2조 제3호에 의하여 당해 행정작용의 성질상 행정절차를 거치기 곤란하거나 불필요하다고 인정되는 사항 또는 행정절차에 준하는 절차를 거친 사항에 해당하므로, 처분의 근거와 이유 제시 등에 관한 구 「행정절차법」의 규정이 별도로 적용되지 아니한다고 봄이 상당하다(대판 2012두5756).

05 공무원 직위해제 처분취소 — 적용범위 2021 기출

(1) 공무원에 대하여 직위해제를 할 때에는 그 처분권자 또는 처분제청권자는 처분사유를 적은 설명서를 교부하도록 하고, 처분사유 설명서를 받은 공무원이 그 처분에 불복할 때에는 그 설명서를 받은 날부터 30일 이내에 소청심사청구를 할 수 있도록 함으로써 임용권자가

직위해제처분을 행함에 있어서 구체적이고도 명확한 사실의 적시가 요구되는 처분사유설명서를 반드시 교부하도록 하여 해당 공무원에게 방어의 준비 및 불복의 기회를 보장하고 임용권자의 판단에 신중함과 합리성을 담보하게 하고 있고, 직위해제처분을 받은 공무원은 사후적으로 소청이나 행정소송을 통하여 충분한 의견진술 및 자료제출의 기회를 보장하고 있다.

(2) 그렇다면 「국가공무원법」상 직위해제처분은 구 「행정절차법」 제3조 제2항 제9호, 동법 시행령 제2조 제3호에 의하여 당해 행정작용의 성질상 행정절차를 거치기 곤란하거나 불필요하다고 인정되는 사항 또는 행정절차에 준하는 절차를 거친 사항에 해당하므로, 처분의 사전통지 및 의견청취 등에 관한 「행정절차법」의 규정이 별도로 적용되지 아니한다고 봄이 상당하다(대판 2012두26180).

06 진급낙천처분취소 - 적용범위

「군인사법」 및 그 시행령에 이 사건 처분과 같이 진급예정자 명단에 포함된 자의 진급선발을 취소하는 처분을 함에 있어 행정절차에 준하는 절차를 거치도록 하는 규정이 없을 뿐만 아니라 위 처분이 성질상 행정절차를 거치기 곤란하거나 불필요하다고 인정되는 처분이라고 보기도 어렵다고 할 것이어서 이 사건 처분이 「행정절차법」의 적용이 제외되는 경우에 해당한다고 할 수 없으며, 나아가 원고가 수사과정 및 징계과정에서 자신의 비위행위에 대한 해명기회를 가졌다는 사정만으로 이 사건 처분이 「행정절차법」 제21조 제4항 제3호, 제22조 제4항에 따라 원고에게 사전통지를 하지 않거나 의견제출의 기회를 주지 아니하여도 되는 예외적인 경우에 해당한다고 할 수 없으므로, 피고가 이 사건 처분을 함에 있어 원고에게 의견제출의 기회를 부여하지 아니한 이상, 이 사건 처분은 절차상 하자가 있어 위법하다(대판 2006두20631).

07 산업기능요원편입취소처분취소(신분자격박탈) - 사전통지

지방병무청장이 「병역법」 제41조 제1항 제1호, 제40조 제2호의 규정에 따라 산업기능요원에 대하여 한 산업기능요원 편입취소처분은, 행정처분을 할 경우 '처분의 사전통지'와 '의견제출 기회의 부여'를 규정한 「행정절차법」 제21조 제1항, 제22조 제3항에서 말하는 '당사자의 권익을 제한하는 처분'에 해당하는 한편, 「행정절차법」의 적용이 배제되는 사항인 「행정절차법」 제3조 제2항 제9호, 같은 법 시행령 제2조 제1호에서 규정하는 '병역법에 의한 소집에 관한 사항'에는 해당하지 아니하므로, 「행정절차법」상의 '처분의 사전통지'와 '의견제출 기회의 부여' 등의 절차를 거쳐야 한다.

따라서 피고가 이 사건 처분을 하면서 그와 같은 절차를 거치지 않았으므로 이 사건 처분은 위법하다(대판 2002두554).

08 공정거래위원회 시정조치 – 사전통지

(1) 「독점규제 및 공정거래에 관한 법률」은 공정거래위원회로 하여금 법 위반사실에 대한 조사결과를 서면으로 당해 사건의 당사자에게 통지하도록 규정하고, 공정거래위원회가 시정조치 또는 과징금납부명령을 하기 전에 당사자에게 의견을 진술할 기회를 주어야 하는 바, 따라서 절차적 요건을 갖추지 못한 공정거래위원회의 시정조치 또는 과징금납부명령은 설령 실체법적 사유를 갖추고 있다고 하더라도 위법하여 취소를 면할 수 없다.

(2) 공정거래위원회의 의결·결정을 거쳐 행하는 사항에는 「행정절차법」의 적용이 제외되게 되어 있으므로, 설사 피고의 '판매가격 합의' 부분에 대한 시정조치 및 과징금납부명령에 「행정절차법」 소정의 의견청취절차 생략사유가 존재한다고 하더라도, 공정거래위원회는 「행정절차법」을 적용하여 의견청취절차를 생략할 수는 없다고 할 것이다(대판 2000두10212).

09 서산시장 폐기물조치명령 무효확인 – 사전통지

(1) 「행정절차법 시행령」 제13조 제2호 규정은 법원의 재판 등에 따라 처분의 전제가 되는 사실이 객관적으로 증명되면 행정청이 반드시 일정한 처분을 해야 하는 경우 등 의견청취가 행정청의 처분 여부나 그 수위 결정에 영향을 미치지 못하는 경우를 의미한다고 보아야 한다. 처분의 전제가 되는 '일부' 사실만 증명된 경우이거나 의견청취에 따라 행정청의 처분 여부나 처분 수위가 달라질 수 있는 경우라면 위 예외사유에 해당하지 않는다.

(2) 甲이 3차 조치명령 이전에 관할 시장인 서산시장으로부터 1차, 2차 조치명령을 받았고, 형사재판절차에서 위 각 조치명령 불이행의 범죄사실에 관하여 유죄판결을 선고받은 후 그 판결이 확정되었다고 하더라도, 2차 조치명령 불이행으로 인한 유죄판결 확정 이후부터 3차 조치명령 당시까지 시간적 간격이 있으므로 사정변경의 여지가 있는데, 위 각 유죄판결에 따라 '甲이 폐기물을 방치하여 1차 및 2차 조치명령을 받았고 이를 불이행하였다'는 사실이 객관적으로 증명된 경우라고 볼 수는 있으나, 나아가 위 유죄판결에 따라 '3차 조치명령 당시 토지에 방치된 폐기물을 적정하게 처리하지 않고 있다'는 처분사유가 객관적으로 증명되었다고 단정하기는 어렵고, 또한 3차 조치명령의 근거 법률인 「폐기물관리법」 제48조의 문언과 체제에 비추어 보면 이 규정에 따른 폐기물 처리 조치명령은 재량행위에 해당하므로, 「행정절차법 시행령」 제13조 제2호에서 정한 사전 통지, 의견청취의

예외사유에 해당하지 않는다. 따라서 3차 조치명령을 하면서 사전통지 및 의견청취 절차를 하지 아니한 조치명령은 위법하다(대판 2017두66602).

10 시정명령처분취소 – 가평소방서장 판례 2023 기출

1. 사건개요

(1) 가평소방서장은 관내 특정소방대상물에 대한 특별조사 결과 이 사건 각 건물이 무단 용도변경된 사실을 확인하고, 2014. 4. 25. 피고에게 이를 통보하였다.

(2) 피고 소속 공무원 소외인은 전화로 원고에게 이 사건 각 건물에 대한 현장조사가 필요하다는 사실을 알리고 현장조사 일시를 약속한 다음, 2014. 5. 14. 오후 원고가 참석한 가운데 이 사건 각 건물에 대한 현장조사를 실시하였다.

(3) 현장조사 과정에서 소외인은 무단증축면적과 무단용도변경 사실을 확인하고 이를 확인서 양식에 기재한 후, 원고에게 위 각 행위는 「건축법」 제14조 또는 제19조를 위반한 것이어서 시정명령이 나갈 것이고 이를 이행하지 않으면 이행강제금이 부과될 것이라고 설명하고, 위반경위를 질문하여 답변을 들은 다음 원고로부터 확인서명을 받았는데, 위 양식에는 "상기 본인은 관계 법령에 의한 제반허가를 득하지 아니하고 아래와 같이 불법건축(증축, 용도변경)행위를 하였음을 확인합니다."라고 기재되어 있었다.

(4) 피고는 별도의 사전통지나 의견진술기회 부여 절차를 거치지 아니한 채, 현장조사 다음 날인 2014. 5. 15. 이 사건 처분을 하였다.

2. 판시 내용

이러한 사실관계를 위 법리에 비추어 살펴보면, 다음과 같이 판단된다.

(1) 피고 소속 공무원 소외인이 위 현장조사에 앞서 원고에게 전화로 통지한 것은 행정조사의 통지이지 이 사건 처분에 대한 사전통지로 볼 수 없다. 그리고 위 소외인이 현장조사 당시 위반경위에 관하여 원고에게 의견진술기회를 부여하였다 하더라도, 이 사건 처분이 현장조사 바로 다음 날 이루어진 사정에 비추어 보면, 의견제출에 필요한 상당한 기간을 고려하여 의견제출기한이 부여되었다고 보기도 어렵다.

(2) 그리고 현장조사에서 원고가 위반사실을 시인하였다거나 위반경위를 진술하였다는 사정만으로는 「행정절차법」 제21조 제4항 제3호가 정한 '의견청취가 현저히 곤란하거나 명백히 불필요하다고 인정될 만한 상당한 이유가 있는 경우'로서 처분의 사전통지를 하지 아니하여도 되는 경우에 해당한다고 볼 수도 없다.

(3) 따라서 행정청인 피고가 침해적 행정처분인 이 사건 처분을 하면서 원고에게 「행정절차법」에 따른 적법한 사전통지를 하거나 의견제출의 기회를 부여하였다고 볼 수 없다. 따라서 해당처분은 위법하여 취소를 면할 수 없다(대판 2016두41811).

11 건축공사중지명령취소 – 사전통지

「건축법」상의 공사중지명령에 대한 사전통지를 하고 의견제출의 기회를 준다면 많은 액수의 손실보상금을 기대하여 공사를 강행할 우려가 있다는 사정만으로 이 사건 처분이 "당해 처분의 성질상 의견청취가 현저히 곤란하거나 명백히 불필요하다고 인정될 만한 상당한 이유가 있는 경우"에 해당한다고 볼 수 없어 이 사전통지 및 의견제출절차의 예외사유에 해당하지 아니한다. 따라서 이 사건 처분은 위법하다(대판 2004두1254).

12 퇴직급여환수금반납고지처분등취소 – 신뢰보호원칙

퇴직연금의 환수결정은 당사자에게 의무를 과하는 처분이기는 하나, 관련 법령에 따라 당연히 환수금액이 정하여지는 것이므로, 퇴직연금의 환수결정에 앞서 당사자에게 의견진술의 기회를 주지 아니하여도 「행정절차법」 제22조 제3항이나 신의칙에 어긋나지 아니한다(대판 99두5443).

13 개발제한구역내행위허가신청불가처분취소 확정 – 신뢰보호원칙

폐기물처리시설을 설치할 목적으로 토지를 매수하면서 행정청으로부터 토지거래계약허가를 받고 폐기물처리시설 설치신고가 수리되었는데 그 후 행정청으로부터 개발제한구역 내 행위 불허가처분을 받은 사안에서, 허가 및 신고수리 과정에서 그 담당공무원들이 작성한 토지거래계약허가 현지조사의견서, 검토조서, 실무종합심의회 심의결과 등의 내용까지 고려하면, 이는 행정청이 위 토지거래계약의 허가 및 폐기물처리시설 설치신고수리를 통하여서나 그 과정에서 그 소속 공무원들을 통하여 폐기물처리시설을 위한 건축허가가 가능하다는 신뢰보호원칙상 공적 견해표명을 한 것이므로, 위 불허가처분은 신뢰보호원칙에 위배된다(서울고법 2010누27969).

14 토석채취불허가처분취소 – 신뢰보호원칙

(1) 일반적으로 행정상의 법률관계에 있어서 행정청의 행위에 대하여 신뢰보호의 원칙이 적용되기 위하여는, 첫째 행정청이 개인에 대하여 신뢰의 대상이 되는 공적인 견해표명을 하여야 하고, 둘째 행정청의 견해표명이 정당하다고 신뢰한 데에 대하여 그 개인에게 귀책사유가 없어야 하며, 셋째 그 개인이 그 견해표명을 신뢰하고 이에 어떠한 행위를 하였어야 하고, 넷째 행정청이 위 견해표명에 반하는 처분을 함으로써 그 견해표명을 신뢰한

개인의 이익이 침해되는 결과가 초래되어야 하고, 어떠한 행정처분이 이러한 요건을 충족할 때에는, 공익 또는 제3자의 정당한 이익을 해할 우려가 있는 경우가 아닌 한, 신뢰보호의 원칙에 반하는 행위로서 위법하게 된다고 할 것이므로, 행정처분이 이러한 요건을 충족하는 경우라고 하더라도 행정청이 앞서 표명한 공적인 견해에 반하는 행정처분을 함으로써 달성하려는 공익이 행정청의 공적 견해표명을 신뢰한 개인이 그 행정처분으로 인하여 입게 되는 이익의 침해를 정당화할 수 있을 정도로 강한 경우에는 신뢰보호의 원칙을 들어 그 행정처분이 위법하다고는 할 수 없다.

(2) 한려해상국립공원지구 인근의 자연녹지지역에서의 토석채취허가가 법적으로 가능할 것이라는 행정청의 언동을 신뢰한 개인이 많은 비용과 노력을 투자하였다가 불허가처분으로 상당한 불이익을 입게 된 경우, 위 불허가처분에 의하여 행정청이 달성하려는 주변의 환경·풍치·미관 등의 공익이 그로 인하여 개인이 입게 되는 불이익을 정당화할 만큼 강하다는 이유로 불허가처분이 재량권의 남용 또는 신뢰보호의 원칙에 반하여 위법하다고 할 수 없다(대판 98두7343).

15 보조금 반환 명령과 평가인증 취소처분 - 사전통지

평가인증취소처분은 이로 인하여 원고에 대한 인건비 등 보조금 지급이 중단되는 등 원고의 권익을 제한하는 처분에 해당하며, 보조금 반환명령과는 전혀 별개의 절차로서 보조금 반환명령이 있으면 피고 보건복지부장관이 평가인증을 취소할 수 있지만 반드시 취소하여야 하는 것은 아닌 점 등에 비추어 보면, 보조금 반환명령 당시 사전통지 및 의견제출의 기회가 부여되었다 하더라도 그 사정만으로 이 사건 평가인증취소처분이 구「행정절차법」제21조 제4항 제3호에서 정하고 있는 사전통지 등을 하지 아니하여도 되는 예외사유에 해당한다고도 볼 수 없으므로, 구「행정절차법」제21조 제1항에 따른 사전통지를 거치지 않은 이 사건 평가인증취소처분은 위법하다(대판 2014두1260).

16 중증장애인 생산시설 지정취소처분취소 - 사전통지

청문 주재자는 청문을 실시한 경우 반드시 청문조서를 작성하고 당사자 등에게 청문조서의 내용을 열람·확인할 수 있게 하며 이를 위한 장소 및 기간을 통지하여야 하는데, 모든 사정에 비추어 보면, 청문 주재자가 청문을 개시한 후 종결하였음에도 청문조서를 작성하지 않았고 갑 법인에 대한 청문조서 열람·확인 절차 또한 진행하지 않았으므로, 위 청문에는 절차상 하자가 존재하고, 비록 보건복지부장관이 위 처분을 위한 필요적 청문절차를 개시하였고 갑 법인에 유리한 의견진술의 기회를 제공하였으며 갑 법인이 청문기일에 임의로 불참하기는 하였으나, 청문 주재자가 이와 같은 내용을 기재한 청문조서를 작성한 후 이를 관할 행정청에 제출하고 이를 고려하여 행정청이 신중하게 행정처분을 하도록 하는 청문제도의 취지를 생각하면, 위와 같은 청문절차상의 하자는 중대하므로, 하자 있는 청문에 기초하여 한 위 처분은 적법한 절차를 준수하지 않은 것으로서 위법하다(서울행법 2018구합7617).

17 유희시설조성사업협약 해지 및 사업시행자지정 거부처분취소 − 사전통지

행정청이 당사자와 사이에 도시계획사업의 시행과 관련한 협약을 체결하면서 관계 법령 및 「행정절차법」에 규정된 청문의 실시 등 의견청취절차를 배제하는 조항을 두었다고 하더라도, 국민의 행정참여를 도모함으로써 행정의 공정성·투명성 및 신뢰성을 확보하고 국민의 권익을 보호한다는 「행정절차법」의 목적 및 청문제도의 취지 등에 비추어 볼 때, 위와 같은 협약의 체결로 청문의 실시에 관한 규정의 적용을 배제할 수 있다고 볼 만한 법령상의 규정이 없는 한, 이러한 협약이 체결되었다고 하여 청문의 실시에 관한 규정의 적용이 배제된다거나 청문을 실시하지 않아도 되는 예외적인 경우에 해당한다고 할 수 없다(대판 2002두8350).

18 영업허가취소처분취소 − 사전통지

「행정절차법」제21조 제4항 제3호는 침해적 행정처분을 할 경우 청문을 실시하지 않을 수 있는 사유로서 "당해 처분의 성질상 의견청취가 현저히 곤란하거나 명백히 불필요하다고 인정될 만한 상당한 이유가 있는 경우"를 규정하고 있으나, 여기에서 말하는 '의견청취가 현저히 곤란하거나 명백히 불필요하다고 인정될 만한 상당한 이유가 있는지 여부'는 당해 행정처분의 성질에 비추어 판단하여야 하는 것이지, 청문통지서의 반송 여부, 청문통지의 방법 등에 의하여 판단할 것은 아니며, 또한 행정처분의 상대방이 통지된 청문일시에 불출석하였다는 이유만으로 행정청이 관계 법령상 그 실시가 요구되는 청문을 실시하지 아니한 채 침해적 행정처분을 할 수는 없을 것이므로, 행정처분의 상대방에 대한 청문통지서가 반송되었다거나, 행정처분의 상대방이 청문일시에 불출석하였다는 이유로 청문을 실시하지 아니하고 한 침해적 행정처분은 위법하다(대판 2000두3337).

19 임용거부처분취소(인천대 사건) — 사전통지

(1) 피고 인천전문대학 논문편집위원회로서는 선정자 16, 선정자 17의 논문을 심사하는 과정에서 선정자 16의 논문이 위조된 것이고, 선정자 17의 논문이 표절임을 심의 의결함에 있어서 미리 위 선정자들에게 통지하여 충분한 소명이나 반박자료를 제출할 기회가 주어지지 않았더라도, 위 각 논문에 존재하는 하자가 중대하여 그 자체만으로 임용을 거부할 만한 사유를 구성하는 것임이 명백한 이상, 위 선정자들에 대한 이 사건 임용거부처분에 이를 취소할 만한 위법이 있다고 보기는 어렵다.

(2) 행정청은 당사자에게 의무를 과하거나 권익을 제한하는 처분을 하는 경우에는 미리 처분의 제목, 당사자의 성명 또는 명칭과 주소, 처분하고자 하는 원인이 되는 사실과 처분의 내용 및 법적 근거, 그에 대하여 의견을 제출할 수 있다는 뜻과 의견을 제출하지 아니하는 경우의 처리방법, 의견제출기관의 명칭과 주소, 의견제출기한 등을 당사자 등에게 통지하도록 하고 있는 바, 신청에 따른 처분이 이루어지지 아니한 경우에는 아직 당사자에게 권익이 부과되지 아니하였으므로 특별한 사정이 없는 한 신청에 대한 거부처분이라고 하더라도 직접 당사자의 권익을 제한하는 것은 아니어서 신청에 대한 거부처분을 여기에서 말하는 '당사자의 권익을 제한하는 처분'에 해당한다고 할 수 없는 것이어서 처분의 사전통지대상이 된다고 할 수 없다(대판 2003두674).

20 개인택시운송사업면허취소처분취소 — 사전통지

(1) 행정처분의 사유에 대하여 당사자에게 변명과 유리한 자료를 제출할 기회를 부여함으로써 위법사유의 시정가능성을 고려하고, 처분의 신중과 적정을 기하려는 청문제도의 취지에 비추어 볼 때, 원고가 이 사건 처분 전에 피고의 사무실에 방문하여 피고 소속 공무원에게 '처분을 좀 연기해 달라'는 내용의 서류를 제출한 것을 들어, 「여객자동차 운수사업법」과 「행정절차법」이 필요적으로 실시하도록 규정하고 있는 청문을 실시한 것으로 볼 수는 없다.

(2) 나아가 관련 법령이 정한 청문 등 의견청취를 하지 아니할 수 있는 예외에 해당하는지는 해당 행정처분의 성질에 비추어 판단하여야 하며, 처분상대방이 이미 행정청에게 위반사실을 시인하였다거나 처분의 사전통지 이전에 의견을 진술할 기회가 있었다는 사정을 고려하여 판단할 것은 아니므로, 앞서 본 대로 원고의 방문 당시 담당공무원이 원고에게 관련 법규와 행정처분 절차에 대하여 설명을 하였다거나 그 자리에서 청문절차를 진행하고자 하였음에도 원고가 이에 응하지 않았다는 사정만으로 '처분의 성질상 의견청취가 현저히 곤란하거나 명백히 불필요하다고 인정될 만한 상당한 이유가 있는 경우'나 또는 '당사자가 의견진술의 기회를 포기한다는 뜻을 명백히 표시한 경우'에 해당한다고 볼 수도 없다(대판 2016두63224).

21 산업단지개발계획변경신청거부처분취소 - 이유제시

(1) 행정청은 처분을 하는 때에는 원칙적으로 당사자에게 근거와 이유를 제시하여야 한다. 당사자가 신청하는 허가 등을 거부하는 처분을 하면서 당사자가 그 근거를 알 수 있을 정도로 이유를 제시한 경우에는 처분의 근거와 이유를 구체적으로 명시하지 않았더라도 그로 말미암아 그 처분이 위법하다고 볼 수는 없다. 이때 '이유를 제시한 경우'는 처분서에 기재된 내용과 관계 법령 및 당해 처분에 이르기까지의 전체적인 과정 등을 종합적으로 고려하여, 처분 당시 당사자가 어떠한 근거와 이유로 처분이 이루어진 것인지를 충분히 알 수 있어서 그에 불복하여 행정구제절차로 나아가는 데 별다른 지장이 없었다고 인정되는 경우를 뜻한다.

(2) 이 사건 처분서는 아무런 실질적인 내용 없이 단순히 신청을 불허한다는 결과만을 통보한 것이다. 기록에 나타나 있는 이 사건 처분에 이르기까지 전체적인 과정 등을 살펴보더라도 원고가 이 사건 신청이 거부된 정확한 이유를 알았거나 또는 알 수 있었다는 정황을 확인할 수 없다. 그리하여 원고가 이 사건 소송에서 처분사유를 잘못 확정하여 주장하였고 법원도 원심에 이르기까지 잘못 확정된 처분사유를 바탕으로 심리를 진행하게 되었다는 점에서 원고가 처분에 불복하여 행정구제절차로 나아가는 데에도 지장이 있었다고 볼 수 있다. 사정이 이러하다면 이 사건 처분은 근거와 이유를 제시하지 않은 것으로서 위법하다고 보아야 한다(대판 2016두44186).

22 일반주류도매업면허취소처분취소 - 이유제시

면허의 취소처분에는 그 근거가 되는 법령이나 취소권 유보의 부관 등을 명시하여야 함은 물론 처분을 받은 자가 어떠한 위반사실에 대하여 당해 처분이 있었는지를 알 수 있을 정도로 사실을 적시할 것을 요하며, 이와 같은 취소처분의 근거와 위반사실의 적시를 빠뜨린 하자는 피처분자가 처분 당시 그 취지를 알고 있었다거나 그 후 알게 되었다 하여도 치유될 수 없다고 할 것인 바, 세무서장인 피고가 주류도매업자인 원고에 대하여 한 이 사건 일반주류도매업면허취소통지에 "상기 주류도매장은 무면허 주류판매업자에게 주류를 판매하여 「주세법」 제11조 및 「국세법사무처리규정」 제26조에 의거 지정조건위반으로 주류판매면허를 취소합니다"라고만 되어 있어서 원고의 영업기간과 거래상대방 등에 비추어 원고가 어떠한 거래행위로 인하여 이 사건 처분을 받았는지 알 수 없게 되어 있다면 이 사건 면허취소처분은 위법하다(대판 90누1786).

23 과징금부과처분등취소 - 이유제시

이 사건 처분통지서에는 처분의 근거가 되는 3가지 위반사유에 대하여 별지를 통해 매우 구체적으로 적시하고 있고, 비록 각 위반사유별로 구분하여 과징금 부과의 근거 법령이 구체적으로 기재되지는 않았으나 '「증권거래법」(「자본시장과 금융투자업에 관한 법률」 부칙 제2조로 폐지된 것) 제206조의11 및 「자본시장과 금융투자업에 관한 법률」 제429조'라고 기재되어 있으므로, 원고로서는 당시 어떠한 근거와 이유로 이 사건 처분이 이루어진 것인지를 충분히 예상할 수 있었다고 보이는 점, 이 사건 처분의 사전통지서에 이미 과징금 산정의 산출근거가 대략적으로 제시되어 있었던 점 등에 비추어 보면, 이 사건 처분서에 처분의 근거와 이유가 구체적으로 명시되어 있지 아니하여 원고가 그 처분에 불복하여 행정구제절차로 나아가는 데에 지장이 있다고 볼 수 없다. 따라서 「행정절차법」 제23조 제1항의 규정을 위반한 절차상 위법이 있다고 볼 수 없다(대판 2012두12570).

24 주택건설사업계획승인신청서반려처분취소 - 이유제시(수익적 처분)

(1) 「행정절차법」 제23조 제1항은 "행정청은 처분을 하는 때에는 당사자에게 그 근거와 이유를 제시하여야 한다."고 규정하고 있는 바, 일반적으로 당사자가 근거규정 등을 명시하여 신청하는 인·허가 등을 거부하는 처분을 함에 있어 당사자가 그 근거를 알 수 있을 정도로 상당한 이유를 제시한 경우에는 당해 처분의 근거 및 이유를 구체적 조항 및 내용까지 명시하지 않았더라도 그로 말미암아 그 처분이 위법한 것이 된다고 할 수 없다.

(2) 피고가 이 사건 주택건설사업계획 승인신청의 일괄처리사항에 포함된 토지형질변경허가를 구체적으로 언급하면서 그 신청을 반려한 이 사건 처분에 있어서 그 처분이 있기까지의 경과에 비추어 보면 원고로서는 도시계획위원회 심의 결과 녹지보전 등의 사유로 토지형질변경을 불허한다는 결정을 하고 이에 따라 피고가 구 「주택건설촉진법」 제33조 제1항에 의하여 이 사건 신청을 반려한 것임을 충분히 알 수 있었다고 할 것이므로 피고가 근거규정을 구체적으로 표시하지 않았다고 하여 그 처분 자체를 위법하다고 할 수 없다(대판 200두13315).

25 해임처분취소 - 이유제시(침익적 처분)

「행정절차법」 제23조 제1항은 행정청이 처분을 할 때에는 당사자에게 그 근거와 이유를 제시하도록 규정하고 있다. 이는 행정청의 자의적 결정을 배제하고 당사자로 하여금 행정구제절차에서 적절히 대처할 수 있도록 하는 데 그 취지가 있다. 따라서 처분서의 내용, 관계 법령, 처분에 이른 전체적인 과정 등을 종합하여, 처분 당시 당사자가 어떠한 근거와 이유로 처분이 이루어졌는지를 충분히 알 수 있어서 행정구제절차로 나아가는 데 별다른 지장이 없었다고 인정되는 경우에는, 처분서에 처분의 근거와 이유가 구체적으로 명시되어 있지 않았다고 하더라도 그 처분이 위법하다고 할 수 없다(대판 2016두45578).

26 유원시설업허가처분등취소 - 영업자 지위승계(당사자)

(1) 공매 등의 절차에 따라 문화체육관광부령으로 정하는 주요한 유원시설업 시설의 전부 또는 체육시설업의 시설 기준에 따른 필수시설을 인수함으로써 그 유원시설업자 또는 체육시설업자의 지위를 승계한 자가 관계 행정청에 이를 신고하여 행정청이 이를 수리하는 경우에는 종전의 유원시설업자에 대한 허가는 그 효력을 잃고, 종전의 체육시설업자는 적법한 신고를 마친 체육시설업자로서의 지위를 부인당할 불안정한 상태에 놓이게 된다. 따라서 행정청이 「관광진흥법」 또는 「체육시설법」의 규정에 의하여 유원시설업자 또는 체육시설업자 지위승계신고를 수리하는 처분은 종전의 유원시설업자 또는 체육시설업자의 권익을 제한하는 처분이라 할 것이고, 종전의 유원시설업자 또는 체육시설업자는 그 처분에 대하여 직접 그 상대가 되는 자에 해당한다고 봄이 상당하므로, 행정청으로서는 그 신고를 수리하는 처분을 함에 있어서 「행정절차법」 규정 소정의 당사자에 해당하는 종전의 유원시설업자 또는 체육시설업자에 대하여 위 규정 소정의 행정절차를 실시하고 처분을 하여야 한다.

(2) 원심은 판시와 같은 이유로, 이 사건 신고수리가 종전의 유원시설업자 또는 체육시설업자인 원고의 권익을 제한하는 처분임에도 피고가 이 사건 신고수리를 함에 있어 원고에게 「행정절차법」이 정한 사전통지를 하거나 의견제출의 기회를 제공하였다는 점을 인정할 증거가 없다고 보는 한편, 이 사건 신고수리가 「행정절차법」 제21조 제4항 제3호 및 제22조 제4항에서 정하는 '당해 행정처분의 성질상 의견청취가 명백히 불필요하다고 인정될 만한 상당한 이유가 있는 경우'에 해당한다는 피고와 피고보조참가인의 주장을 배척한 다음, 이 사건 신고수리는 「행정절차법」에 따른 사전통지 등의 절차를 거치지 아니하여 위법하다(대판 2011두29144).

27 전임계약(계약직공무원) 해지무효확인 – 적용범위

(1) 계속적 계약은 당사자 상호 간의 신뢰관계를 그 기초로 하는 것이므로, 당해 계약의 존속 중에 당사자의 일방이 그 계약상의 의무를 위반함으로써 그로 인하여 계약의 기초가 되는 신뢰관계가 파괴되어 계약관계를 그대로 유지하기 어려운 정도에 이르게 된 경우에는 상대방은 그 계약관계를 막바로 해지함으로써 그 효력을 장래에 향하여 소멸시킬 수 있다고 봄이 타당하다.

(2) 원고는 국방일보를 발행하는 국방홍보원의 최고책임자로서 소속 직원을 지휘·감독하고, 국방일보의 제작·편집 등에 대한 종국적이고 궁극적인 책임을 지는 자인데, 북한주민들에게 김일성의 주체사상을 교양하기 위하여 김일성이 창작하고 김정일이 각색한 가극으로 이후 모든 혁명가극의 모델이 된 '피바다'라는 제목의 혁명가극에 대한 기사를 국방일보에 게재하면서 "김 주석 창작 지도한 혁명연극", "주체사상 구현 완벽한 명작"이라는 문구의 부제를 붙임으로써 그 독자들 특히, 군 장병들에게 그 기사의 제목이나 내용이 우리 정부의 공식적인 견해인 것으로 받아들여질 우려가 심대하였고, 그에 따라 장병들의 안보의식을 혼란시켜 군 전체의 사기나 전력에 악영향을 끼쳤을 가능성 역시 적지 않았으리라고 볼 수밖에 없으므로, 피고 산하 국방부장관이 원고를 국방일보의 발행책임자인 국정홍보원장으로 채용한 계약의 기초가 되는 신뢰관계는 이미 파괴되었고, 따라서 피고는 원고와의 채용계약을 해지하여 그 효력을 장래에 향하여 소멸시킬 수 있으므로, 이 사건 채용계약 해지의 의사표시는 정당하고 판단하였다.

(3) 계약직공무원에 관한 현행 법령의 규정에 비추어 볼 때, 계약직공무원 채용계약해지의 의사표시는 일반공무원에 대한 징계처분과는 달라서 항고소송의 대상이 되는 처분 등의 성격을 가진 것으로 인정되지 아니하고, 일정한 사유가 있을 때에 국가 또는 지방자치단체가 채용계약 관계의 한쪽 당사자로서 대등한 지위에서 행하는 의사표시로 취급되는 것으로 이해되므로, 이를 징계해고 등에서와 같이 그 징계사유에 한하여 효력 유무를 판단하여야 하거나, 행정처분과 같이 「행정절차법」에 의하여 근거와 이유를 제시하여야 하는 것은 아니다(대판 2002두5948).

28 어린이집 보조금 반환청구 사건 예(기타 절차) – 위반사실의 공표

(1) 행정청이 본 처분이 확정되기 전에 공표 대상자에게 사전통지 및 의견제출절차를 생략하고 한 위반사실을 공표한 것은 위법이다.

(2) 보건복지부 보육사업안내의 공표 대상 선정절차에 따르면 행정처분이 종료되고 집행이 된 행위에 대하여 대상자로 선정하고, 공표대상자에게 서면 통지하여 의견제출의 기회를 부여하여야 한다.

그런데 이 사건 위반사실 공표 처분과 관련하여 피청구인은 청구인에게 보조금반환명령, 원장 자격정지 처분, 어린이집 운영정지 처분의 사전통지와 함께 이 사건 어린이집을 공표 대상자로 선정하여 이를 통지하였고, 청구인이 행정처분에 대하여 불복절차를 거치는 등 그 처분이 확정되기도 전에 이 사건 어린이집을 명단 공표대상자로 결정한 바, 이는 행정처분이 확정되지 않은 자에 대하여 한 처분으로서 위법하므로 위반사실공표 처분을 취소하여야 한다(경기행심).

29 이행강제금부과취소 – 처분의 고지

「행정절차법」 제26조는 "행정청이 처분을 할 때에는 당사자에게 그 처분에 관하여 행정심판 및 행정소송을 제기할 수 있는지 여부, 그 밖에 불복을 할 수 있는지 여부, 청구절차 및 청구기간 그 밖에 필요한 사항을 알려야 한다."라고 규정하고 있다. 이러한 고지절차에 관한 규정은 행정처분의 상대방이 그 처분에 대한 행정심판의 절차를 밟는 데 편의를 제공하려는 것이어서 처분청이 위 규정에 따른 고지의무를 이행하지 아니하였다고 하더라도 경우에 따라 행정심판의 제기 기간이 연장될 수 있음에 그칠 뿐, 그 때문에 심판의 대상이 되는 행정처분이 위법하다고 할 수는 없다(대판 2017두66633).

30 중국전담여행사지정취소처분취소 – 처분기준의 설정·공표

(1) 행정청이 「행정절차법」 제20조 제1항의 처분기준 사전공표 의무를 위반하여 미리 공표하지 아니한 기준을 적용하여 처분을 하였다고 하더라도, 그러한 사정만으로 곧바로 해당 처분에 취소사유에 이를 정도의 흠이 존재한다고 볼 수는 없다. 다만 해당 처분에 적용한 기준이 상위법령의 규정이나 신뢰보호의 원칙 등과 같은 법의 일반원칙을 위반하였거나 객관적으로 합리성이 없다고 볼 수 있는 구체적인 사정이 있다면 해당 처분은 위법하다고 평가할 수 있다.
(2) 행정청이 「행정절차법」 제20조 제1항에 따라 정하여 공표한 처분기준은, 그것이 해당 처분의 근거 법령에서 구체적 위임을 받아 제정·공포되었다는 특별한 사정이 없는 한, 원칙적으로 대외적 구속력이 없는 행정규칙에 해당하는 것으로 보아야 한다(대판 2018두45633).

제5절 행정절차법 사례 연습

01 사전통지, 의견청취

>> 2021년 행시 - 입찰참가자격 제한처분

건설업을 운영하는 A회사는 「국가계약법」에 근거, 국방부장관 주관, 전투지휘센터 시설공사 기본설계 도급계약 체결 후 진행과정상 A회사의 사원 甲이 입찰서류를 입찰에 유리하도록 변조제출, 甲은 사문서변조죄 유죄판결이 확정되었다. 국방부장관은 계약해지와 아울러 A회사를 「국가계약법」 및 동법 시행령, 시행규칙에 의거 1년간 입찰참가자격을 제한하는 부정당업자 제재통보를 하였다.

물음) 국방부장관은 A회사 사원 甲의 사문서변조죄 유죄확정판결을 이유로 사전통지 및 의견제출 기회 부여하지 않고 입찰참가자격 제한처분을 한 것으로 그 적법 여부를 검토하시오. (20점)

[참조 조문]
「국가를 당사자로 하는 계약에 관한 법률 시행령」
제76조(부정당업자의 입찰참가자격 제한) ④ 입찰참가자격 제한의 기간에 관한 사항은 법 제27조 제1항 각 호에 해당하는 행위별로 부실벌점, 하자비율, 부정행위 유형, 고의·과실 여부, 뇌물 액수 및 국가에 손해를 끼친 정도 등을 고려하여 기획재정부령으로 정한다.

「국가를 당사자로 하는 계약에 관한 법률 시행규칙」
제76조(부정당업자의 입찰참가자격 제한기준 등) 영 제76조 제4항에 따른 부정당업자의 입찰참가자격 제한의 세부기준은 별표 2와 같다.

[별표 2] 부정당업자의 입찰참가자격 제한기준(제76조 관련)
1. 일반기준
다. 각 중앙관서의 장은 부정당업자에 대한 입찰참가자격을 제한하는 경우 자격제한 기간을 그 위반행위의 동기·내용 및 횟수 등을 고려해 제2호에서 정한 기간의 2분의 1의 범위에서 줄일 수 있으며, 이 경우 감경 후의 제한기간은 1개월 이상이어야 한다.

∥ 사례해결 ∥

1. 서(론)

2. 절차

(1) 사전통지
   ① 의의
   ② 예외사유

(2) **이유제시**
　① 의의
　② 예외사유

3. 효력(관련판례)

법원의 재판 등에 따라 처분의 전제가 되는 사실이 객관적으로 증명되면 행정청이 반드시 일정한 처분을 해야 하는 경우 등 의견청취가 행정청의 처분 여부나 그 수위 결정에 영향을 미치지 못하는 경우를 의미한다고 보아야 한다. 관련판례인 서산시장의 폐기물조치명령처분에 따르면 의견청취로 처분수위가 달라지거나 일부사실만 증명된 경우, 의견청취의 예외사유에 해당하지 않는다고 판시하고 있다.

4. 결론(효력, 사안의 해결)

(1) 관련판례에 따르면 이 사안은 의견청취로 처분수위가 달라지거나 일부사실만 증명된 경우에 해당한다 할 것이므로 의견청취의 예외사유에 해당하지 않는다.

(2) 사안의 경우 관련판례에 따르면 국방부장관의 1년간 입찰참가자격제한처분은 「행정절차법」을 위반한 사안으로 위법하다.

02 거부처분 시 사전통지 · 이유제시

>> 2013년 행시 제3문

甲은 A시에서 공동주택을 건축하기 위하여 주택건설사업계획승인신청을 하였는데 A시장은 해당지역이 용도변경을 추진 중에 있고 일반여론에서도 보존의 목소리가 높은 지역이라는 이유로 거부처분을 하였다. 이에 甲은 A시장이 거부처분에 있어 사전통지가 없었으며 이유제시 또는 미흡하다는 이유로 그 거부처분의 무효를 주장한다. 이러한 甲의 주장의 타당 여부를 검토하시오. (30점)

‖ 사례해결 ‖

1. 서(론)

절차상 하자가 거부처분을 위법하게 만드는지 검토해보도록 하겠다.

2. 절차

(1) 사전통지

① 의의
② 예외사유

(2) 이유제시

① 의의
② 예외사유

3. 효력(관련판례)

(1) 거부처분 시 사전통지에 대한 판례(2003두674) - 임용거부처분취소(인천대 사건)

관련판례인 인천대 "임용거부처분"에 따르면 거부처분은 직접당사자의 권익을 제한하는 처분이 아니므로 사전통지의 대상이 아니라고 판시하고 있다.

(2) 이유제시에 대한 판례

관련판례인 울산시장의 "산업단지개발계획변경신청거부처분"에 따르면 거부처분의 경우는 당사자가 그 근거를 알 수 있을 정도로 상당한 이유를 제시한 경우에는 처분의 근거와 이유를 구체적 조항 및 내용까지 명시하지 않았더라도 그 처분이 위법한 것이 된다고 할 수 없다고 판시하고 있다.

4. 결(효력, 사안의 해결)

(1) 사전통지의 대상 해당 여부에 대한 결론

사안의 경우 관련판례인 "임용거부처분취소" 판결에 따르면 사전통지의 대상이 되지 않으므로 甲의 주장은 타당하지 않다.

(2) 이유제시에 대한 결론

사안의 경우 A시장의 이유제시가 당사자가 그 근거를 알 수 있을 정도로 상당한 이유를 제시하지 않았다면 해당 처분은 절차의 하자로 무효가 아닌 취소사유에 해당할 것으로 甲의 무효 주장은 타당하지 않고 취소를 주장한다면 타당할 것이다.

03 거부처분 불고지

> **2022년 행시**
>
> A시의 시장 甲은 거부처분을 하면서 행정심판 및 행정소송의 제기 여부 등 불복절차에 대하여 아무런 고지를 하지 않았다. 당사자인 乙은 이를 이유로 거부처분은 절차적 하자가 있는 위법한 처분이라고 주장한다면 乙의 주장이 타당한지 검토하시오. (10점)

‖ 사례해결 ‖

1. 서(론)

행정청이 신청에 대한 거부처분을 하면서 불복절차를 고지하지 않은 경우 해당처분이 위법하게 되는지 검토해 보도록 한다.

2. 불복의 고지

행정청이 처분을 할 때에는 「행정절차법」 제26조에 따라 당사자에게 그 처분에 관하여 행정심판 및 행정소송을 제기할 수 있는지 여부, 그 밖에 불복을 할 수 있는지 여부, 청구절차 및 청구기간, 그 밖에 필요한 사항을 알려야 한다.

3. 관련판례 (대판 2017두66633 이행강제금부과취소)

관련판례인 "증축건물의 무단용도변경에 대한 이행강제금부과취소" 판결에 따르면 처분에 대한 고지를 하지 않았더라도 해당처분이 위법하지 않다고 판시하고 있다.

4. 결론(사례해결)

고지제도는 처분 자체의 절차적 적법요건이 아니라 처분 이후 불복절차로서 처분이 아니므로 처분 이후 불복절차에 고지가 없었다고 하더라도 해당처분이 위법하게 되는 것은 아니므로 乙은 주장은 타당하지 않다.

04 처분기준 설정·공표

「행정절차법」제20조는 처분기준을 설정·공표하도록 규정하고 있다. 만약 행정청이 미리 공표하지 아니한 기준을 적용하여 처분을 하였다면 해당 처분이 위법하게 되는지 해당 처분의 효력에 대하여 검토하시오. (20점)

‖ 사례해결 ‖

1. 서(론, 논점, 문제제기)

행정청이 미리 공표하지 아니한 처분기준을 적용하여 처분을 한 경우 해당 처분이 위법하게 되는지 검토하도록 하겠다.

2. 처분기준 설정·공표

(1) 법 규정

행정청은 필요한 처분기준을 해당 처분의 성질에 비추어 되도록 구체적으로 정하여 공표하여야 한다. 처분기준을 변경하는 경우에도 또한 같다.

(2) 예외규정

처분기준을 공표하는 것이 해당 처분의 성질상 현저히 곤란하거나 공공의 안전 또는 복리를 현저히 해치는 것으로 인정될 만한 상당한 이유가 있는 경우에는 처분기준을 공표하지 아니할 수 있다.

3. 관련판례

관련판례인 "중국전담여행사지정취소처분취소" 판결에 따르면 행정청이 처분기준 사전공표 의무를 위반하여 미리 공표하지 아니한 기준을 적용하여 처분을 하였다고 하더라도, 그러한 사정만으로 곧바로 해당 처분에 취소사유에 이를 정도의 흠이 존재한다고 볼 수는 없다고 판시하고 있다.

4. 결(사안의 해결)

(1) 관련판례에 따르면 해당처분에 적용한 기준이 상위법령의 규정이나 신뢰보호의 원칙 등과 같은 법의 일반원칙을 위반하였다면 위법할 것이나 이러한 위반사실이 있다고 볼 수 있는 구체적인 사정이 없다면 해당 처분은 적법하다.

(2) 따라서 처분기준이 법령으로 규정된 처분기준과 다른 기준으로 처분한 경우 당해처분이 위법할 것이나 행정규칙으로 규정된 기준에 의한 처분은 적법한 처분이 될 것이다.

05 진급낙천처분(법 제3조 적용범위)

> 국방부장관 甲이 대령진급예정자명단에 포함된 乙에게 진급선발을 취소하는 처분을 하면서 乙에게 사전통지 및 의견제출의 기회를 부여하지 않았다(군인사법령 등에는 진급낙천처분 시 사전통지나 의견제출 규정이 없다). 이러한 절차상 하자가 해당 처분을 위법하게 만드는지 검토하시오.
>
> **물음)** 위 사안의 경우 甲의 처분에 「행정절차법」이 적용되는지 여부와 해당 처분의 위법성 여부를 검토하시오. (20점)

‖ 사례해결 ‖

1. 서(론)

군인공무원에 대한 진급낙천처분을 하면서 사전통지 및 의견제출의 기회를 부여하지 않는 사안에 대하여 「행정절차법」의 적용 여부 및 해당 처분이 위법하게 되는지 검토해 보도록 하겠다.

2. 절차

(1) 사전통지
　① 의의
　② 예외사유

(2) 의견제출
　① 의의
　② 예외사유

3. 행정절차법 적용 여부 관련판례(대판 2006두20631 진급낙천처분취소)

관련판례는 행정과정에 대한 국민의 참여와 행정의 공정성, 투명성 및 신뢰성을 확보하고 국민의 권익을 보호함을 목적으로 하는 「행정절차법」의 입법목적과 「행정절차법」 제3조 제2항 제9호의 규정 내용 등에 비추어 보면, 공무원 인사관계 법령에 의한 처분에 관한 사항 전부에 대하여 「행정절차법」의 적용이 배제되는 것이 아니라 성질상 행정절차를 거치기 곤란하거나 불필요하다고 인정되는 처분이나 행정절차에 준하는 절차를 거치도록 하고 있는 처분의 경우에만 「행정절차법」의 적용이 배제된다.

4. 결(사안의 해결)

(1) 법 적용 여부

군인사법령에 행정절차에 준하는 절차규정이 없으므로 「행정절차법」이 적용되어야 한다.

(2) 처분의 위법성 여부

이 사건 처분이 「행정절차법」에 따라 원고에게 사전통지를 하지 않거나 의견제출의 기회를 주지 아니하여도 되는 예외적인 경우에 해당한다고 할 수 없으므로, 이 사건 처분을 함에 있어 의견제출의 기회를 부여하지 아니한 이상 절차상 하자가 있어 위법하다.

06 신뢰보호원칙

> 2020년 행정사
>
> 어업조합법인 甲은 A시 관할 구역 내 32만㎡에 수산물종합유통센터를 건축하기 위하여 B지방해양항만청장으로부터 항만공사 시행 허가 및 항만공사 실시계획 승인을 받았다. 그런데 그 후 甲은 A시장으로부터 위 센터 건축을 위한 항만시설 사용허가를 두 차례 받았으나 건축을 하지 못하고 모두 그 사용기간이 만료되었다. 甲은 다시 위 센터를 건축하고자 항만시설 사용허가를 신청하였으나 A시장은 위 센터 예정 부지 주변의 여건 변화, 각종 행사의 증가로 인한 공공시설 부족 심화 등을 이유로 불허가 처분을 내렸다. 그런데 A시장은 불허가 처분을 하기 전에 甲에게 그 처분의 내용 및 법적 근거, 의견 제출 절차 등을 통지하지 않았다. 다음 물음에 답하시오. (40점)
>
> **물음 1)** 甲은 이미 두 차례나 항만시설 사용허가를 해주었으면서 이번에는 이를 거부한 것은 신뢰보호원칙 위반이라고 주장한다. 신뢰보호 원칙의 요건에 비추어 이 주장의 타당성을 검토하시오. (20점)
>
> **물음 2)** 甲은 A시장이 항만시설 사용에 대한 불허가 처분을 하면서 사전통지를 하지 않았다는 점을 들어 「행정절차법」 위반이라고 주장한다. 이 주장의 타당성을 검토하시오. (20점)

‖ 사례해결 - 물음1 ‖

1. 서

행정청이 신청에 대하여 기 허가처분 후 재신청한 사안에 대하여 불허가 처분을 한 것이 신뢰보호원칙에 위배되는지 검토해 보도록 하겠다.

2. 신뢰보호원칙

(1) 의의

행정청은 법령 등의 해석 또는 행정청의 관행이 일반적으로 국민들에게 받아들여진 때에는 공익 또는 제3자의 정당한 이익을 현저히 해할 우려가 있는 경우를 제외하고는 새로운 해석 또는 관행에 따라 소급하여 불리하게 처리하여서는 아니 된다.

(2) 적용요건

① 행정청이 개인에 대하여 신뢰의 대상이 되는 공적인 견해표명을 하여야 하고,
② 행정청의 견해표명이 정당하다고 신뢰한 데에 대하여 그 개인에게 귀책사유가 없어야 하며,
③ 그 개인이 그 견해표명을 신뢰하고 이에 상응하는 어떠한 행위를 하였어야 하고,
④ 행정청이 그 견해표명에 반하는 처분을 함으로써 견해표명을 신뢰한 개인의 이익이 침해되는 결과가 초래되어야 하며,
⑤ 그 견해표명에 따른 행정처분을 할 경우 이로 인하여 공익 또는 제3자의 정당한 이익을 현저히 해할 우려가 있는 경우가 아니어야 한다.

3. 결(사안의 해결)

A시장이 甲에게 두 차례 항만시설 사용허가를 해주었다는 사실만으로 그 이후로도 계속하여 항만시설사용허가를 해줄 것이라는 공적인 견해표명을 하였다고 볼 수 없고, 건축을 하지 못한 것의 귀책은 甲에게 있는 것이므로 A시장의 거부처분이 甲의 정당한 이익을 해할 우려가 있다고 볼 수도 없다. 또한 센터 예정 부지 주변의 여건 변화, 각종 행사의 증가로 인한 공공시설 부족 심화 등 공익을 해칠 우려가 있는 경우에는 이전의 허가와 다른 불허가 처분이 충분히 가능하다.

따라서 A시장의 불허가 처분이 신뢰보호원칙 위반이라는 甲의 주장은 타당하지 않다.

‖ 사례해결 – 물음2 ‖

1. 서

불허가 처분 시 사전통지를 하지 않은 것이 해당처분을 위법하게 만드는지 검토해 보도록 하겠다.

2. 사전통지

(1) 의의

(2) 예외사유

3. 사전통지의 필요성 여부

(1) 학설

① 부정설: 사전통지는 의무부과와 권익을 제한하는 경우에 적용되므로 신청에 의한 거부처분은 직접 당사자의 권익을 제한하는 처분이 아니므로 사전통지를 요하지 않는다.

② 긍정설: 거부처분은 권익을 제한하는 처분으로 신청에 대한 긍정적 처분을 기대하므로 사전통지가 필요하다.

(2) 판례

관련판례인 "인천대 임용거부처분취소"의 판결에 따르면 신청에 대한 거부처분이라고 하더라도 직접 당사자의 권익을 제한하는 것은 아니어서 신청에 대한 거부처분을 여기에서 말하는 '당사자의 권익을 제한하는 처분'에 해당한다고 할 수 없는 것이어서 처분의 사전통지대상이 된다고 할 수 없다(대판 2003두674).

4. 결

(1) 관련판례에 따르면 거부처분은 직접 당사자의 권익을 제한하는 처분이 아니므로 사전통지를 요하지 않는다고 판시하고 있다.

(2) 이 사안의 경우 관련판례에 따라 A시장의 불허가처분은 甲의 권익을 제한하는 처분에 해당하지 않으므로 적법하여 甲의 주장은 타당하지 않다.

07 송달, 효력발생

> 乙은 공무원으로서 마약범죄에 연루되어 법원으로부터 실형선고를 받아 구치소에 미결수로 수감 중인 상태에서 행정청 甲이 乙의 주소지로 파면처분의 인사발령통지서를 발송하였다. 乙의 주소지에는 乙의 처인 丙이 이를 수령 후 배우자인 乙에게 전달하지 않고 폐기해 버렸다. 이에 乙은 자신이 수감 중인 사실을 甲도 알고 있었고, 자신이 직접 인사발령통지서를 수령하지 않았으므로 행정처분의 효력이 발생하지 않아 甲의 처분은 위법하여 취소되어야 한다고 주장한다. 乙 주장의 타당성을 검토하시오. (10점)

‖ 사례해결 ‖

1. 서

파면처분에 관한 인사발령통지서를 수감 중인 처분 당사자의 처에게 송달한 절차가 「행정절차법」을 위반하여 해당처분이 위법하게 되는지 검토해 보도록 하겠다.

2. 절차

「행정절차법」 제14조 제2항은 교부에 의한 송달은 수령확인서를 받고 문서를 교부함으로써 하며, 송달하는 장소에서 송달받을 자를 만나지 못한 경우에는 그 사무원·피용자 또는 동거인으로서 사리를 분별할 지능이 있는 사람에게 문서를 교부할 수 있다. 다만, 문서를 송달받을 자 또는 그 사무원 등이 정당한 사유 없이 송달받기를 거부하는 때에는 그 사실을 수령확인서에 적고, 문서를 송달할 장소에 놓아둘 수 있다고 규정하고 있다.

3. 결(사안의 해결)

(1) 관련판례에 따르면 행정처분의 효력발생요건으로서의 도달이란 상대방이 그 내용을 현실적으로 양지할 필요까지는 없고 다만 양지할 수 있는 상태에 놓여짐으로써 충분하다고 할 것인데 이 사건에 있어서와 같이 원고의 처가 원고의 주소지에서 원고에 대한 정부인사발령통지를 수령한 이상 비록 그때에 원고가 구치소에 수감 중이었고 피고 역시 그와 같은 사실을 알고 있었다거나 원고의 처가 위 통지서를 원고에게 전달하지 아니하고 폐기해 버렸다 하더라도 원고의 처가 위 통지서를 수령한 때에 그 내용을 양지할 수 있는 상태에 있었다고 판단된다(대판 89누4963 파면처분무효확인).

(2) 사안의 경우 관련 법규정과 판례에 따라 甲의 파면처분에 대한 인사발령확인서는 적법하게 송달된 것으로 甲의 처분은 위법하지 않아 乙의 주장은 타당하지 않다.

08 협약에 의한 청문절차 배제 여부

> 행정청 A는 甲에게 공장설립에 관한 건축허가를 해주면서 추후 허가취소사안이 발견된 경우 청문을 실시하지 않고 취소처분을 하겠다는 내용의 협약을 체결, 협약서를 작성하였다. 이후 甲은 정당한 사유 없이 허가받은 날로부터 3년 이내 공사를 착수하지 않아 A는 甲에게 협약서의 내용대로 청문을 실시하지 않고 「건축법」 제11조 제7항 제1호 위반사안으로 허가취소처분을 하였다. 이에 甲은 협약으로 청문절차를 배제할 수 없다고 주장하며 A의 처분은 위법하다고 주장한다. 甲 주장의 타당성을 검토하시오. (20점)

‖ 사례해결 ‖

1. 서

협약으로 청문배제 여부 검토

2. 청문(절차)

(1) 의의

(2) 요건

(3) 예외사유

3. 효력

(1) 학설

① 긍정설: 행정절차는 실체적 권리관계에 영향없는 한 생략 가능하며, 강제적 방법이 동원되지 않는다면 협약으로 청문배제는 가능하다.

② 부정설: 「헌법」상 적법절차의 원리와 청문은 통한 적정한 판단과 함께 당사자의 참여를 통한 민주적 정당성 확보라는 차원에서 협약에 의한 청문배제는 불가하다.

(2) 판례

행정청이 당사자와의 사이에 도시계획사업의 시행과 관련한 협약을 체결하면서 청문의 실시에 관한 규정의 적용을 배제할 수 있다는 내용의 협약이 체결되었다고 하여 청문의 실시에 관한 규정의 적용이 배제된다거나 청문을 실시하지 않아도 되는 예외적인 경우에 해당한다고 할 수 없다.

따라서 행정청이 침해적 행정처분을 함에 즈음하여 청문을 실시하지 않아도 되는 예외적인 경우에 해당하지 않는 한 반드시 청문을 실시하여야 하고, 그 절차를 결여한 처분은 위법한 처분으로서 취소사유에 해당한다(대판 2002두8350).

4. 결(사안의 해결)

(1) 관련판례에 따르면 청문절차의 배제에 대한 협약은 「행정절차법」상 청문절차의 예외사유에 해당하지 않아 청문절차를 배제한 침익적 처분은 위법하다고 판시하고 있다.

(2) 사안의 경우 A의 건축허가취소처분은 관련판례에 따르면 「행정절차법」 규정을 위반한 처분으로 위법하여 취소함이 타당하다. 甲의 주장은 타당하다.

09 「행정절차법」 적용범위, 절차하자의 효력

>> 2021년 행정사

공무원 甲은 코로나19 확산 방지를 위한 집합금지명령 위반 단속업무 등을 담당하던 중, 유흥주점 업자인 乙로부터 위반행위 단속을 피할 수 있도록 단속일시·장소 등을 알려달라는 청탁을 받았다. 甲은 이를 알려준 대가로 자신의 계좌로 30만 원을 송금 받은 것을 비롯하여 수회에 걸쳐 합계 190만 원의 뇌물을 받은 사실을 이유로 인사 및 징계권자인 A로부터 직위해제처분을 받은 후 징계절차를 거쳐 최종적으로 파면처분을 받았다. 다음 물음에 답하시오. (40점)

물음 1) 甲은 A가 직위해제처분을 하면서 사전통지나 의견청취절차를 거치지 않았다는 점을 들어 「행정절차법」 위반이라고 주장한다. 이 주장의 타당성을 검토하시오. (10점)

물음 2) 甲은 제시된 징계사유(뇌물수수)를 모두 인정하면서도 A가 관련법령의 징계절차상 처분사유설명서를 교부하지 않았음을 들어 자신에 대한 파면처분은 취소되어야 한다고 주장한다. 이 주장의 타당성을 검토하시오. (30점)

‖ 사례해결 – 물음1 ‖

1. 서

'공무원에 대한 직위해제처분'이 「행정절차법」 제3조 제2항 제9호(공무원의 인사관계법령에 따른 징계처분)에 해당되어 「행정절차법」상 사전통지 및 의견청취를 거칠 필요가 없는지 검토해 보도록 하겠다.

2. 효력(관련판례)

관련판례인 "직위해제처분취소" 판결에 따르면 공무원에 대하여 직위해제를 할 때에는 「국가공무원법」에 따른 그 처분권자 또는 처분제청권자는 처분사유를 적은 설명서를 교부하도록 하고, 처분사유설명서를 받은 공무원이 그 처분에 불복할 때에는 그 설명서를 받은 날부터 30일 이내에 소청심사청구를 할 수 있도록 함으로써 임용권자가 직위해제처분을 행함에 있어서 구체적이고도 명확한 사실의 적시가 요구되는 처분사유설명서를 반드시 교부하도록 하여 해당 공무원에게 방어의 준비 및 불복의 기회를 보장하고 임용권자의 판단에 신중함과 합리성을 담보하게 하고 있고, 직위해제처분을 받은 공무원은 사후적으로 소청이나 행정소송을 통하여 충분한 의견진술 및 자료제출의 기회를 보장하고 있다.

3. 결

관련판례에 따르면 「국가공무원법」상 직위해제처분은 「행정절차법 시행령」 제2조 제3호에 의하여 당해 행정작용의 성질상 행정절차를 거치기 곤란하거나 불필요하다고 인정되는 사항 또는 행정절차에 준하는 절차를 거친 사항에 해당하므로, 처분의 사전통지 및 의견청취 등에 관한 「행정절차법」의 규정이 별도로 적용되지 않는다. 따라서 甲의 주장은 타당하지 않다.

‖ 사례해결 – 물음2 ‖

1. 서

「국가공무원법」상 공무원의 직위해제처분 시 처분사유설명서를 교부하여 처분의 이유를 제시하여야 하는 바 이를 교부하지 않고 행한 직위해제처분이 위법하여 취소사유에 해당하는지 검토록 보도록 하겠다.

2. 효력

(1) 학설

① **소극설**: 절차상 하자만을 이유로 취소할 수 없고 내용상 하자가 있어야 취소할 수 있다.
② **적극설**: 절차상 하자만을 이유로 취소할 수 있다.
③ **절충설**: 기속행위의 경우 취소할 수 없고, 재량행위에 경우 행정청은 기본처분과 다른처분을 할 가능성이 있으므로 취소할 수 있다.

(2) 판례

절차적 요건을 갖추지 못한 공정거래위원회의 시정조치 또는 과징금납부명령은 설령 실체법적 사유를 갖추고 있더라도 위법하여 취소를 면할 수 없다고 판시하고 있다.

3. 검토

「헌법」 제12조 적법절차의 원리가 행정절차에 유추적용되며 현행 「행정소송법」이 절차의 위법을 이유로 취소판결을 인정하고 있으므로 절차 중시 행정의 측면에서 보아 절차하자의 독자적 위법성을 인정하여야 한다.

4. 결(사안의 해결)

(1) 관련판례에 따르면 처분사유설명서는 해당 공무원에게 방어의 준비 및 불복의 기회를 보장하고 징계권자의 판단에 신중함과 합리성을 담보하게 한다. 따라서 처분당사자의 방어권을 제한하게 되는 처분사유설명서를 교부하지 않고 행한 파면처분은 절차상 하자가 있다.

(2) 사안의 경우 징계권자 A의 甲에 대한 처분사유설명서를 교부하지 않고 행한 파면처분은 위법하여 취소사유에 해당하게 되어 甲의 주장은 타당하다.

10 처분방식, 청문절차, 하자의 치유

> **2022년 행정사**
>
> 甲은 식품접객업을 영위하고 있는 자로 판매하던 식품에 이물질이 혼입되어 있다는 사실이 관할 행정청의 단속과정에서 적발되었다. 그런데 관할 행정청은 甲에게 시정명령서를 송부하지 아니하고, 담당 공무원이 甲의 영업장을 방문하여 구두로 시정명령의 내용을 고지하였다. 그런데 관할 행정청이 정밀 조사한 결과 위 이물질이 사람의 생명을 해칠 수 있는 유독물질임이 밝혀졌다. 이에 관할 행정청은 甲의 영업소에 대한 폐쇄명령을 하고자 청문통지서를 발송하였으나, 청문일 5일 전에 甲에게 도달하였다. 그런데 「행정절차법」에 따르면 청문일 10일 전까지 통지하여야 하므로 절차상 하자가 있었지만, 甲은 청문일에 출석하여 자신의 의견을 진술하는 등 방어의 기회를 충분히 가졌고, 관할 행정청은 폐쇄명령을 하였다. (40점)
>
> **물음 1)** 위 시정명령의 위법 여부를 설명하시오. (20점)
>
> **물음 2)** 위 폐쇄명령의 위법 여부를 설명하시오. (20점)

‖ 사례해결 – 물음1 ‖

1. 서

행정청이 침익적 처분을 하면서 사전통지와 의견제출 절차를 거치지 않은 것과 행정처분의 방식을 구두로 한 것이 해당 처분을 위법하게 만드는지 알아보겠다.

2. 절차

(1) **사전통지**

① 의의
② 예외사유

(2) **의견제출**

① 의의
② 예외사유

3. 처분의 방식

(1) **원칙**

행정처분은 원칙적으로 문서로 하여야 한다.

(2) 예외

① 전자문서 : i) 당사자 등의 동의가 있는 경우에 해당하는 경우와, ii) 당사자가 전자문서로 처분을 신청한 경우에는 전자문서로 할 수 있다.

② 구술 등 : 긴급히 처분을 할 필요가 있거나 사안이 경미한 경우에는 구술 기타 방법으로 할 수 있으며, 이 경우 당사자의 요청 시 지체 없이 처분에 관한 문서를 교부하여야 한다.

4. 관련판례

관련판례에 따르면 행정청이 처분을 하는 때에는 다른 법령 등에 특별한 규정이 있는 경우를 제외하고는 문서로 하여야 하고 전자문서로 하는 경우에는 당사자 등의 동의가 있어야 하며, 다만 신속을 요하거나 사안이 경미한 경우에는 구술 기타 방법으로 할 수 있다고 규정하고 있는데, 이는 행정의 공정성·투명성 및 신뢰성을 확보하고 국민의 권익을 보호하기 위한 것이므로 위 규정을 위반하여 행하여진 행정청의 처분은 하자가 중대하고 명백하여 원칙적으로 무효이다(대판 2011도11109 소방시설설치유지및안전관리에관한법률 위반).

5. 결(시정명령의 위법성 여부 판단)

행정청이 침익적처분을 함에 있어 사전통지 및 의견청취의 절차를 거쳐야 한다. 이를 거치지 않은 행정처분은 절차의 하자로 위법하여 취소사유에 해당할 것이며, 처분의 방식을 위반하여 甲에게 한 폐쇄명령처분은 중대명백설에 따라 위법하여 무효이다.

‖ 사례해결 – 물음2 ‖

1. 서

행정청이 침익적 처분인 폐쇄명령처분을 하려면 사전에 청문절차를 거쳐야 하고 청문통지서가 청문일 10일 전까지 도착되어야 함에도 5일 전 도착, 통지기일을 위반하였고, 처분당사자가 이의제기 없이 청문일에 출석하여 의견을 진술하는 기회를 가졌다면 하자가 치유되는지 알아보도록 하겠다.

2. 청문절차

(1) 의의

(2) 요건

(3) 예외사유

3. 절차하자의 치유

(1) 치유대상
절차상 하자 있는 치유는 취소사유에만 인정되고, 무효사유에는 인정되지 않는다.

(2) 치유가능성
판례는 국민의 권익이 침해되지 않는 범위 내에서 인정되어야 한다고 판시하고 있다.

(3) 치유시기
판례는 행정쟁송제기 전에 한하여 치유가 가능하다고 판시하였다.

(4) 치유효과
절차상 위법은 제거되고 소급하여 처분은 적법하게 된다.

4. 관련판례
행정청이 「식품위생법」상의 청문절차를 이행함에 있어 소정의 청문서 도달기간을 지키지 아니하였다면 이는 청문의 절차적 요건을 준수하지 아니한 것이므로 이를 바탕으로 한 행정처분은 일단 위법하다고 보아야 할 것이지만 이러한 청문제도의 취지는 처분으로 말미암아 받게 될 영업자에게 미리 변명과 유리한 자료를 제출할 기회를 부여함으로써 부당한 권리침해를 예방하려는 데에 있는 것임을 고려하여 볼 때, 가령 행정청이 청문서 도달기간을 다소 어겼다 하더라도 영업자가 이에 대하여 이의제기를 하지 아니한 채 스스로 청문일에 출석하여 그 의견을 진술하고 변명하는 등 방어의 기회를 충분히 가졌다면 청문서 도달기간을 준수하지 아니한 하자는 치유되었다고 봄이 상당하다(대판 92누2844 영업허가취소처분취소).

5. 결(사안의 해결)
관련판례에 따르면 청문기일의 위반이 있었으나 처분당사자가 청문기일에 출석, 의견진술의 기회를 가지는 등 방어의 기회를 충분히 가질 수 있었으므로 취소사유에 대한 절차의 하자가 치유되어 행정청의 폐쇄명령은 적법하다.

Chapter 03 행정절차법 조문내용 정리

01 당사자

1. 당사자(제9조)

(1) 개념

행정청의 처분에 대하여 직접 그 상대가 되는 당사자와 행정청이 직권으로 또는 신청에 따라 행정절차에 참여하게 한 이해관계인을 의미한다.

(2) 자격

자연인, 법인, 법인이 아닌 사단 또는 재단, 다른 법령 등에 따라 권리·의무의 주체가 될 수 있는 자

2. 지위의 승계(제10조)

(1) 당연승계

① 당사자 등이 사망한 경우: 상속인과 다른 법령 등에 따라 당사자 등의 권리 또는 이익을 승계한 자
② 법인 등이 합병된 경우: 합병 후 존속하는 법인 등 또는 새로 설립된 법인

(2) 허가승계

① 처분에 관한 권리 또는 이익을 사실상 양수한 자는 행정청의 승인을 받아 당사자 등의 지위를 승계할 수 있다.
② 지위승계 사실에 대한 통지가 있을 때까지 사망자 또는 합병 전의 법인 등에 대하여 행정청이 한 통지는 당사자 등의 지위를 승계한 자에게도 효력이 있다.

3. 대표자(제11조)

(1) 다수의 당사자 등이 공동으로 행정절차에 관한 행위를 할 때에는 대표자를 선정할 수 있다.

(2) 행정청은 당사자 등이 대표자를 선정하지 아니하거나 대표자가 지나치게 많아 행정절차가 지연될 우려가 있는 경우에는 그 이유를 들어 상당한 기간 내에 3인 이내의 대표자를 선정할 것을 요청할 수 있다. 이 경우 당사자 등이 그 요청에 따르지 아니하였을 때에는 행정청이 직접 대표자를 선정할 수 있다.

(3) 당사자 등은 대표자를 변경하거나 해임할 수 있다.

(4) 대표자는 각자 그를 대표자로 선정한 당사자 등을 위하여 행정절차에 관한 모든 행위를 할 수 있다. 다만, 행정절차를 끝맺는 행위에 대하여는 당사자 등의 동의를 받아야 한다.

(5) 대표자가 있는 경우에는 당사자 등은 그 대표자를 통하여서만 행정절차에 관한 행위를 할 수 있다.

(6) 다수의 대표자가 있는 경우 그중 1인에 대한 행정청의 행위는 모든 당사자 등에게 효력이 있다. 다만, 행정청의 통지는 대표자 모두에게 하여야 그 효력이 있다.

4. 대리인(제12조)

당사자 등은 다음에 해당하는 자를 대리인으로 선임할 수 있다.

(1) 당사자 등의 배우자, 직계 존속·비속 또는 형제자매

(2) 당사자 등이 법인 등인 경우 그 임원 또는 직원

(3) 변호사

(4) 행정청 또는 청문 주재자(청문의 경우만 해당한다)의 허가를 받은 자

(5) 법령 등에 따라 해당 사안에 대하여 대리인이 될 수 있는 자

02 신고(제40조)

1. 신고의 의의

신고란 국민이 법령에 따라 행정청에 일정한 사실을 진술·보고하는 행위를 뜻한다.

2. 신고의 종류

(1) **자체완성적 신고(수리를 요하지 않는 신고)**

신고만 하면 법적인 효과가 바로 발생하는 신고를 말하여 수리를 요하지 않는 신고라고도 한다. 「행정절차법」 제40조 제1항은 자체완성적 공법행위로서의 신고에 대한 일반적인 규정이다. 예를 들어 출생신고 등이 있고 행정청의 수리처분이 필요 없기 때문에 행정쟁송의 대상이 되지 않는다.

(2) 행위요건적 신고

행위요건적 신고는 신고를 하고 나서 행정청이 이를 수리하여야 법적 효과가 생기는 신고를 말한다. 예를 들어, 건축 허가를 받으려면 신고를 하고 행정청의 허가를 받아야 한다. 이러한 신고는 행정쟁송의 대상이 될 수 있다.

3. 신고의 요건

(1) 신고서의 기재사항에 흠이 없을 것

(2) 필요한 구비서류가 첨부되어 있을 것

(3) 그 밖에 법령 등에 규정된 형식상의 요건에 적합할 것

4. 신고의 효과

신고는 행정청에 대하여 일정한 사항을 통지함으로써 법적 효과가 발생한다. 따라서 신고에 대한 수리행위나 수리거부행위는 처분이 아니며, 이에 대한 행정쟁송제기가 인정되지 않는다. 따라서 신고가 있으면 형식적 요건에 하자가 없는 한 행정기관은 이를 수리하여야 한다는 것이 판례의 태도이다.

03 확약(제40조의2)

1. 의의

법령 등에서 당사자가 신청할 수 있는 처분을 규정하고 있는 경우 행정청은 당사자의 신청에 따라 장래에 어떤 처분을 하거나 하지 아니할 것을 내용으로 하는 의사표시를 할 수 있다. 이를 확약이라 한다.

2. 방식 및 절차

(1) 확약은 문서로 하여야 한다.

(2) 행정청은 다른 행정청과의 협의 등의 절차를 거쳐야 하는 처분에 대하여 확약을 하려는 경우에는 확약을 하기 전에 그 절차를 거쳐야 한다.

3. 기속 여부

원칙적으로 확약은 행정청을 기속한다. 다만, 행정청은 ① 확약을 한 후에 확약의 내용을 이행할 수 없을 정도로 법령 등이나 사정이 변경된 경우와 ② 확약이 위법한 경우에는 확약에 기속되지 아니한다.

4. 통지

행정청은 확약을 이행할 수 없는 경우에는 지체 없이 당사자에게 그 사실을 통지하여야 한다.

관련판례

대판 95누10877 [주택건설사업승인거부처분취소]

1. 허가 등의 행정처분은 원칙적으로 처분시의 법령과 허가기준에 의하여 처리되어야 하고 허가신청 당시의 기준에 따라야 하는 것은 아니며, 비록 허가신청 후 허가기준이 변경되었다 하더라도 그 허가관청이 허가신청을 수리하고도 정당한 이유 없이 그 처리를 늦추어 그 사이에 허가기준이 변경된 것이 아닌 이상 변경된 허가기준에 따라서 처분을 하여야 한다.
2. 행정청이 상대방에게 장차 어떤 처분을 하겠다고 확약 또는 공적인 의사표명을 하였다고 하더라도, 그 자체에서 상대방으로 하여금 언제까지 처분의 발령을 신청하도록 유효기간을 두었는데도 그 기간 내에 상대방의 신청이 없었다거나 확약 또는 공적인 의사표명이 있은 후에 사실적·법률적 상태가 변경되었다면, 그와 같은 확약 또는 공적인 의사표명은 행정청의 별다른 의사표시를 기다리지 않고 실효된다.

대판 98두7343 [토석채취불허가처분취소] – 신뢰보호원칙, 확약

한려해상국립공원지구 인근의 자연녹지지역에서의 토석채취허가가 법적으로 가능할 것이라는 행정청의 언동을 신뢰한 개인이 많은 비용과 노력을 투자하였다가 불허가처분으로 상당한 불이익을 입게 된 경우, 위 불허가처분에 의하여 행정청이 달성하려는 주변의 환경·풍치·미관 등의 공익이 그로 인하여 개인이 입게 되는 불이익을 정당화할 만큼 강하다는 이유로 불허가처분이 재량권의 남용 또는 신뢰보호의 원칙에 반하여 위법하다고 할 수 없다.

서울고법 2010누27969 [개발제한구역내행위허가신청불가처분취소 확정] – 신뢰보호원칙, 확약

폐기물처리시설을 설치할 목적으로 토지를 매수하면서 행정청으로부터 토지거래계약허가를 받고 폐기물처리시설 설치신고가 수리되었는데 그 후 행정청으로부터 개발제한구역 내 행위불허가처분을 받은 사안에서, 허가 및 신고수리 과정에서 그 담당공무원들이 작성한 토지거래계약허가 현지조사의견서, 검토조서, 실무종합심의회 심의결과 등의 내용까지 고려하면, 이는 행정청이 위 토지거래계약의 허가 및 폐기물처리시설 설치신고수리를 통하여서나 그 과정에서 그 소속 공무원들을 통하여 폐기물처리시설을 위한 건축허가가 가능하다는 신뢰보호원칙상 공적 견해표명을 한 것이므로, 위 불허가처분은 신뢰보호원칙에 위배된다.

04 위반사실의 공표(제40조의3)

1. 의의

행정청은 법령에 따른 의무를 위반한 자의 성명·법인명, 위반사실, 처분사실 등(이하 "위반사실 등"이라 한다)을 법률로 정하는 바에 따라 일반에게 공표할 수 있다.

2. 사전통지 및 의견제출

(1) 행정청은 위반사실등의 공표를 할 때에는 미리 당사자에게 그 사실을 통지하고 의견제출의 기회를 주어야 한다.

(2) 예외사유
  ① 공공의 안전 또는 복리를 위하여 긴급히 공표를 할 필요가 있는 경우
  ② 해당 공표의 성질상 의견청취가 현저히 곤란하거나 명백히 불필요하다고 인정될 만한 타당한 이유가 있는 경우
  ③ 당사자가 의견진술의 기회를 포기한다는 뜻을 명백히 밝힌 경우

3. 절차

(1) 행정청은 위반사실 등의 공표를 하기 전에 사실과 다른 공표로 인하여 당사자의 명예·신용 등이 훼손되지 아니하도록 객관적이고 타당한 증거와 근거가 있는지를 확인하여야 한다.

(2) 위반사실 등의 공표는 관보, 공보 또는 인터넷 홈페이지 등을 통하여 한다.

(3) 행정청은 위반사실 등의 공표를 하기 전에 당사자가 공표와 관련된 의무의 이행, 원상회복, 손해배상 등의 조치를 마친 경우에는 위반사실 등의 공표를 하지 아니할 수 있다.

(4) 행정청은 공표된 내용이 사실과 다른 것으로 밝혀지거나 공표에 포함된 처분이 취소된 경우에는 그 내용을 정정하여, 정정한 내용을 지체 없이 해당 공표와 같은 방법으로 공표된 기간 이상 공표하여야 한다. 다만, 당사자가 원하지 아니하면 공표하지 아니할 수 있다.

> 관련판례
>
> **대판 2018두49130 [인적사항공개처분취소청구]**
> 1. 병무청장이 하는 병역의무 기피자의 인적사항 등 공개는, 특정인을 병역의무 기피자로 판단하여 그 사실을 일반 대중에게 공표함으로써 그의 명예를 훼손하고 그에게 수치심을 느끼게 하여 병역의무 이행을 간접적으로 강제하려는 조치로서 「병역법」에 근거하여 이루어지는 공권력의 행사에 해당한다.
> 2. 병무청장이 「병역법」 제81조의2 제1항에 따라 병역의무 기피자의 인적사항 등을 인터넷 홈페이지에 게시하는 등의 방법으로 공개한 경우 병무청장의 공개결정을 항고소송의 대상이 되는 행정처분으로 보아야 한다.

05 입법예고(제41조 내지 제44조)

1. 의의

입법예고란 국민의 권리, 의무 또는 일상생활과 밀접한 관련이 있는 법령 등을 제정·개정 또는 폐지하고자 할 때에는 당해 입법안을 마련한 행정청이 이를 예고하는 것을 말한다. 관련 행정청이 입법예고를 하지 않은 것이 부적당하다고 판단될 때에는 법제처장이 행정청에 대해 입법예고를 권고하거나 직접 예고할 수 있다.

2. 예외사유 [긴급, 단순, 없는2, 우려]

(1) 신속한 국민의 권리 보호 또는 예측 곤란한 특별한 사정의 발생 등으로 입법이 긴급을 요하는 경우

(2) 상위 법령 등의 단순한 집행을 위한 경우

(3) 입법내용이 국민의 권리·의무 또는 일상생활과 관련이 없는 경우

(4) 단순한 표현·자구를 변경하는 경우 등 입법내용의 성질상 예고의 필요가 없거나 곤란하다고 판단되는 경우

(5) 예고함이 공공의 안전 또는 복리를 현저히 해칠 우려가 있는 경우

3. 예고 방법

(1) 행정청은 입법안의 취지, 주요 내용 또는 전문(全文)을 다음의 구분에 따른 방법으로 <u>공고하여야 하며</u>, <u>추가로</u> 인터넷, 신문 또는 방송 등을 통하여 공고할 수 있다.
   ① **법령**의 입법안을 입법예고하는 경우: 관보 **및** 법제처장이 구축·제공하는 정보시스템을 통한 공고
   ② **자치법규**의 입법안을 입법예고하는 경우: **공보**를 통한 공고

(2) 행정청은 **대통령령**을 입법예고하는 경우 **국회** 소관 상임위원회에 이를 제출하여야 한다.

(3) 행정청은 입법예고를 할 때에 입법안과 관련이 있다고 인정되는 중앙행정기관, 지방자치단체, 그 밖의 단체 등이 예고 사항을 알 수 있도록 예고 사항을 통지하거나 그 밖의 방법으로 알려야 한다.

(4) 행정청은 예고된 입법안에 대하여 온라인공청회 등을 통하여 널리 의견을 수렴할 수 있다.

4. 예고기간

입법 예고기간은 예고할 때 정하되, 특별한 사정이 없으면 40일(자치법규는 20일) 이상으로 한다.

5. 의견제출 및 관리

(1) 누구든지 예고된 입법안에 대하여 의견을 제출할 수 있다.

(2) 행정청은 의견을 제출한 자에게 그 제출된 의견의 처리결과를 통지하여야 한다.

06 행정예고(제46조 내지 제47조)

1. 의의

행정예고란 ① 국민생활에 매우 큰 영향을 주는 사항, ② 많은 국민의 이해가 상충되는 사항, ③ 많은 국민에게 불편이나 부담을 주는 사항, ④ 그 밖에 널리 국민의 의견을 수렴할 필요가 있는 사항에 대한 정책, 제도 및 계획을 수립·시행하거나 변경하려는 경우에 이를 예고하는 것을 말한다.

2. 적용 제외 [긴급, 단순, 없는, 우려]

(1) 신속하게 국민의 권리를 보호하여야 하거나 예측이 어려운 특별한 사정이 발생하는 등 긴급한 사유로 예고가 현저히 곤란한 경우

(2) 법령 등의 단순한 집행을 위한 경우

(3) 국민의 권리·의무 또는 일상생활과 관련이 없는 경우

(4) 공공의 안전 또는 복리를 현저히 해칠 우려가 상당한 경우

3. 예고 방법

(1) 행정청은 정책 등의 취지, 주요 내용 등을 관보·공보나 인터넷·신문·방송 등을 통하여 공고하여야 한다.

(2) 행정예고의 방법, 의견제출 및 처리, 공청회 및 온라인공청회에 관하여는 공청회, 온라인공청회, 입법예고 규정을 준용한다.

4. 예고기간

행정 예고기간은 예고 내용의 성격 등을 고려하여 정하되, 20일 이상으로 한다. 다만, 행정목적을 달성하기 위하여 긴급한 필요가 있는 경우에는 행정예고기간을 단축할 수 있다. 이 경우 단축된 행정예고기간은 10일 이상으로 한다.

07 행정지도(제48조 내지 제51조)

1. 의의

행정기관이 행정목적의 실현을 위하여 특정인에게 행하는 행정작용으로 지도·권고·조언 등을 말한다.

2. 행정지도의 원칙

(1) 행정지도는 그 목적 달성에 필요한 최소한도에 그쳐야 한다(비례의 원칙).

(2) 행정지도의 상대방의 의사에 반하여 부당하게 강요하여서는 아니 된다(부당강요금지원칙).

(3) 행정기관은 행정지도의 상대방이 행정지도에 따르지 아니하였다는 것을 이유로 불이익한 조치를 하여서는 아니 된다(불이익한 조치 금지 원칙).

3. 행정지도 방식

(1) **행정지도 실명제**

행정지도를 하는 자는 그 상대방에게 그 행정지도의 취지 및 내용과 신분을 밝혀야 한다.

(2) **방식**

행정지도가 말로 이루어지는 경우에 상대방이 행정지도의 취지 및 내용을 적은 서면의 교부를 요구하면 그 행정지도를 하는 자는 직무수행에 특별한 지장이 없으면 이를 교부하여야 한다.

(3) **의견제출**

행정지도의 상대방은 당해 행정지도의 방식·내용 등에 관하여 행정기관에 의견제출을 할 수 있다.

⑷ 다수인을 대상으로 하는 행정지도

행정기관이 같은 행정목적을 실현하기 위하여 많은 상대방에게 행정지도를 하려는 경우에는 특별한 사정이 없으면 행정지도에 공통적인 내용이 되는 사항을 공표하여야 한다.

4. 헌법소원

비권력적 사실행위로서 처분이 아니므로 행정쟁송의 대상이 아니나, 단순한 행정지도로서의 한계를 넘어 규제적·구속적 성격이 강하다면, 헌법소원의 대상인 공권력의 행사에 해당할 수 있다.

행정사
이상기 행정절차론

PART

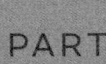

02

공공기관의 정보공개에 관한 법률

PART 02 공공기관의 정보공개에 관한 법률

제1절 정보공개절차

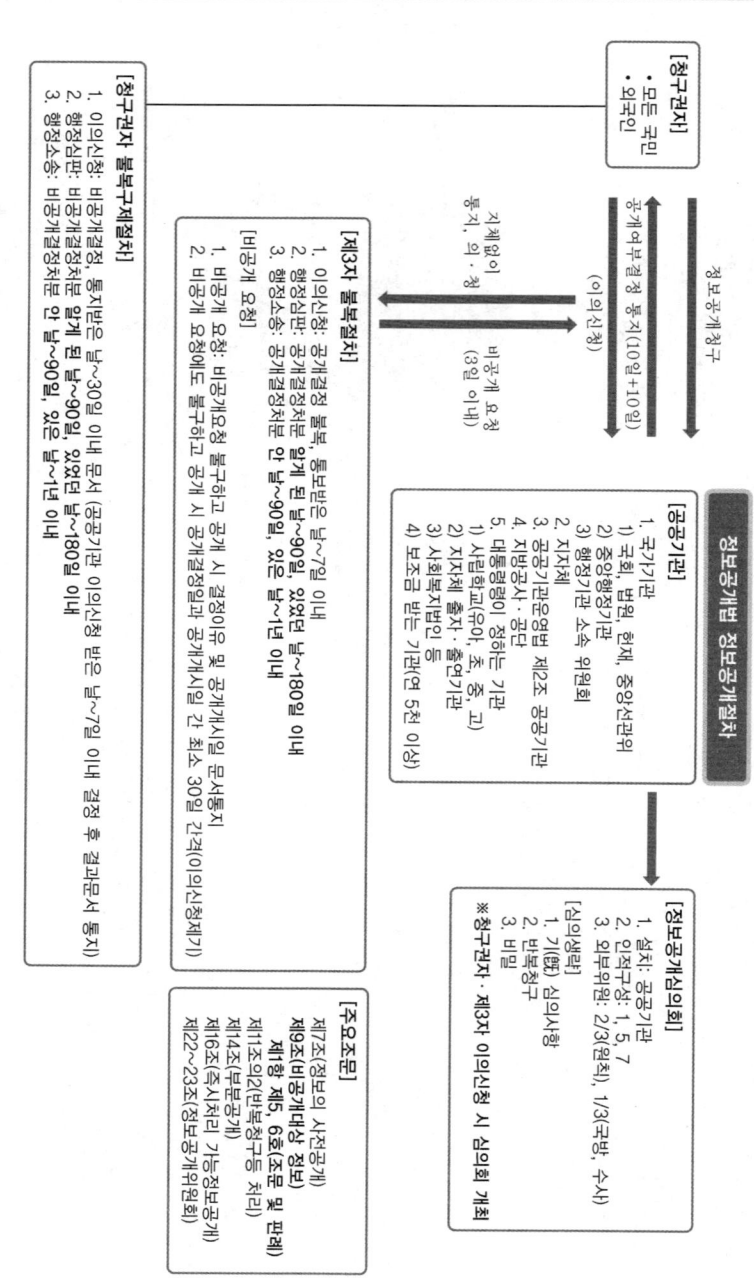

제2절 정보공개법령 및 관련판례

01 정보공개 청구권자(제5조), 정보의 사전적 공개(제7조)

1. 정보공개 청구권자

모든 국민, 대통령령으로 정하는 외국인

2. 사전적 공개 [국, 대, 감, 장]

공공기관은 다음의 어느 하나에 해당하는 정보에 대해서는 공개의 구체적 범위, 주기, 시기 및 방법 등을 미리 정하여 정보통신망 등을 통하여 알리고, 이에 따라 정기적으로 공개하여야 한다(단 법 제9조 제1항 각 호는 제외).

(1) **국**민생활에 매우 큰 영향을 미치는 정책에 관한 정보
(2) 국가의 시책으로 시행하는 공사(工事) 등 **대**규모 예산이 투입되는 사업에 관한 정보
(3) 예산집행의 내용과 사업평가 결과 등 행정**감**시를 위하여 필요한 정보
(4) 그 밖에 공공기관의 **장**이 정하는 정보

3. 규정 외 사항공개

공공기관은 법 규정 사항 외에도 국민이 알아야 할 필요가 있는 정보를 국민에게 공개하도록 적극적으로 노력하여야 한다.

02 공공기관의 범위(제2조 제3호) 2022 기출

1. 정보공개거부처분취소, 사립대학교도 공공기관에 해당

정보공개 의무기관을 공공기관으로 정한 바, 공공기관은 국가기관에 한정되는 것이 아니라 지방자치단체, 정부투자기관, 그 밖에 공동체 전체의 이익에 중요한 역할이나 기능을 수행하는 기관도 포함되는 것으로 해석되고, 여기에 정보공개의 목적, 교육의 공공성 및 공·사립학교의 동질성, 사립대학교에 대한 국가의 재정지원 및 보조 등 여러 사정을 고려해 보면, 사립대학교는 정보공개의무를 지는 공공기관에 해당한다(대판 2004두2783).

2. 정보비공개결정취소, 공공기관 해당 여부

'한국증권업협회'는 민법 중 사단법인에 관한 규정을 준용받는 점, 그 업무가 국가기관 등에 준할 정도로 공동체 전체의 이익에 중요한 역할이나 기능에 해당하는 공공성을 갖는다고 볼 수 없어, 「공공기관의 정보공개에 관한 법률 시행령」제2조 제4호의 '특별법에 의하여 설립된 특수법인'에 해당한다고 보기 어렵다(대판 2008두5643).

03 비공개대상 정보(제9조) ★★★

공공기관이 보유·관리하는 정보는 공개 대상이 된다. 다만, 다음의 어느 하나에 해당하는 정보는 공개하지 아니할 수 있다.

(1) 다른 법률 또는 법률에서 위임한 명령(국회규칙·대법원규칙·헌법재판소규칙·중앙선거관리위원회규칙·대통령령 및 조례로 한정한다)에 따라 비밀이나 비공개 사항으로 규정된 정보

(2) 국가안전보장·국방·통일·외교관계 등에 관한 사항으로서 공개될 경우 국가의 중대한 이익을 현저히 해칠 우려가 있다고 인정되는 정보

(3) 공개될 경우 국민의 생명·신체 및 재산의 보호에 현저한 지장을 초래할 우려가 있다고 인정되는 정보

(4) 진행 중인 재판에 관련된 정보와 범죄의 예방, 수사, 공소의 제기 및 유지, 형의 집행, 교정, 보안처분에 관한 사항으로서 공개될 경우 그 직무수행을 현저히 곤란하게 하거나 형사피고인의 공정한 재판을 받을 권리를 침해한다고 인정할 만한 상당한 이유가 있는 정보

(5) 감사·감독·검사·시험·규제·입찰계약·기술개발·인사관리에 관한 사항이나 의사결정 과정 또는 내부검토 과정에 있는 사항 등으로서 공개될 경우 <u>업무의 공정한 수행</u>이나 연구·개발에 현저한 지장을 초래한다고 인정할 만한 상당한 이유가 있는 정보. 다만, 의사결정 과정 또는 내부검토 과정을 이유로 비공개할 경우에는 의사결정 과정 또는 내부검토 과정의 단계 및 종료 예정일을 함께 안내하여야 하며, 의사결정 과정 및 내부검토 과정이 종료되면 청구인에게 이를 통지하여야 한다.

(6) 해당 정보에 포함되어 있는 성명·주민등록번호 등 「개인정보 보호법」제2조 제1호에 따른 개인정보로서 공개될 경우 사생활의 비밀 또는 자유를 침해할 우려가 있다고 인정되는 정보. 다만, 다음에 열거한 사항은 제외한다.
  ① 법령에서 정하는 바에 따라 열람할 수 있는 정보
  ② 공공기관이 공표를 목적으로 작성하거나 취득한 정보로서 사생활의 비밀 또는 자유를 부당하게 침해하지 아니하는 정보

③ 공공기관이 작성하거나 취득한 정보로서 공개하는 것이 공익이나 개인의 권리 구제를 위하여 필요하다고 인정되는 정보
④ 직무를 수행한 공무원의 성명·직위
⑤ 공개하는 것이 공익을 위하여 필요한 경우로서 법령에 따라 국가 또는 지방자치단체가 업무의 일부를 위탁 또는 위촉한 개인의 성명·직업

(7) 법인·단체 또는 개인의 경영상·영업상 비밀에 관한 사항으로서 공개될 경우 법인 등의 정당한 이익을 현저히 해칠 우려가 있다고 인정되는 정보. 다만, 다음에 열거한 정보는 제외한다.
① 사업활동에 의하여 발생하는 위해로부터 사람의 생명·신체 또는 건강을 보호하기 위하여 공개할 필요가 있는 정보
② 위법·부당한 사업활동으로부터 국민의 재산 또는 생활을 보호하기 위하여 공개할 필요가 있는 정보

(8) 공개될 경우 부동산 투기, 매점매석 등으로 특정인에게 이익 또는 불이익을 줄 우려가 있다고 인정되는 정보

[제9조 관련판례 정리]

관련판례

제9조 제4호 규정

진행 중인 재판에 관련된 정보와 범죄의 예방, 수사, 공소의 제기 및 유지, 형의 집행, 교정(矯正), 보안처분에 관한 사항으로서 공개될 경우 그 직무수행을 현저히 곤란하게 하거나 형사피고인의 공정한 재판을 받을 권리를 침해한다고 인정할 만한 상당한 이유가 있는 정보

대판 2009두12785 [재소자의 교도관 근무보고서 정보공개청구]

1. 재소자가 교도관의 가혹행위를 이유로 형사고소 및 민사소송을 제기하면서 그 증명자료 확보를 위해 '근무보고서'와 '징벌위원회 회의록' 등의 정보공개를 요청하였으나 교도소장이 이를 거부한 사안에서, 근무보고서는 비공개대상정보에 해당한다고 볼 수 없고, 징벌위원회 회의록 중 비공개 심사·의결 부분은 비공개사유에 해당하지만 징벌절차 진행 부분은 비공개사유에 해당하지 않는다고 보아 분리 공개가 허용된다.
2. 재소자의 진술, 위원장 및 위원들과 재소자 사이의 문답 등 징벌절차 진행 부분은 비공개사유에 해당하지 않는다고 보아 분리 공개가 허용된다.

관련판례

제9조 제5호 규정

감사·감독(의사결정과정 또는 내부 검토과정에 있는 사항)·검사·시험·규제·입찰계약·기술개발·인사관리에 관한 사항이나 의사결정 과정 또는 내부검토 과정에 있는 사항 등으로서 공개될 경우 업무의 공정한 수행이나 연구·개발에 현저한 지장을 초래한다고 인정할 만한 상당한 이유가 있는 정보

대판 2002두 12946 [학교정화 위원회 회의록 공개청구, 인적사항 비공개]

1. 학교환경위생정화위원회의 심의회의에서는 심의회의가 종료된 이후에도 심의과정에서 누가 어떤 발언을 하였는지에 관하여는 외부에 공개되지 않도록 이를 철저히 보장하여야 할 필요성이 있다. 즉, 위 정화위원회의 회의록 중 발언내용 이외에 해당 발언자의 인적 사항까지 공개된다면 정화위원들이나 출석자들은 자신의 발언내용에 관한 공개에 대한 부담으로 인한 심리적 압박 때문에 위 정화위원회의 심의절차에서 솔직하고 자유로운 의사교환을 할 수 없고, 심지어 당사자나 외부의 의사에 영합하는 발언을 하거나 침묵으로 일관할 우려마저 있으므로, 회의록의 발언내용 이외에 해당 발언자의 인적 사항까지 외부에 공개되어서는 아니된다 할 것이어서, '회의록에 기재된 발언내용에 대한 해당 발언자의 인적 사항' 부분은 그것이 공개될 경우 정화위원회의 심의업무의 공정한 수행에 현저한 지장을 초래한다고 인정할 만한 상당한 이유가 있다.
2. 「공공기관의 정보공개에 관한 법률」 제7조 제1항 제5호에서 규정하고 있는 '공개될 경우 업무의 공정한 수행에 현저한 지장을 초래한다고 인정할 만한 상당한 이유가 있는 경우'라 함은 공개될 경우 업무의 공정한 수행이 객관적으로 현저하게 지장을 받을 것이라는 고도의 개연성이 존재하는 경우를 의미한다고 할 것이고, 여기에 해당하는지 여부는 비공개에 의하여 보호되는 업무수행의 공정성 등의 이익과 공개에 의하여 보호되는 국민의 알권리의 보장과 국정에 대한 국민의 참여 및 국정운영의 투명성 확보 등의 이익을 비교·교량하여 구체적인 사안에 따라 신중하게 판단되어야 한다.

대판 99추85 [공원조례 중 개정조례안 무효, 위원회 회의록 비공개]

도시공원위원회의 심의사항에 관하여 위 위원회의 심의를 거친 대외적 공표행위가 있기 전까지는 위 위원회의 회의관련자료 및 회의록은 비공개대상정보에 해당한다.

대판 2010두2913 [학폭회의록 비공개 – 인적사항 제외 공개변경]

학교폭력대책자치위원회의 회의록은 「공공기관의 정보공개에 관한 법률」 제9조 제1항 제5호의 '공개될 경우 업무의 공정한 수행에 현저한 지장을 초래한다고 인정할 만한 상당한 이유가 있는 정보'(비공개대상 정보)에 해당한다고 한 사례이다. 그러나 2011. 5. 19. 「학교폭력예방 및 대책에 관한 법률」 제21조 제3항 단서(심의위원회의 회의는 공개하지 아니한다. 다만, 피해학생·가해학생 또는 그 보호자가 회의록의 열람·복사 등 회의록 공개를 신청한 때에는 학생과 그 가족의 성명, 주민등록번호 및 주소, 위원의 성명 등 개인정보에 관한 사항을 제외하고 공개하여야 한다.) 신설로 회의록은 공개대상이 된다.

대판 2007두9877 [원데이터 공개대상 정보]

'2002년도 및 2003년도 국가 수준 학업성취도평가 자료'는 표본조사 방식으로 이루어졌을 뿐만 아니라 학교 식별정보 등도 포함되어 있어서 그 원자료 전부가 그대로 공개될 경우 학업성취도평가 업무의 공정한 수행이 객관적으로 현저하게 지장을 받을 것이라는 고도의 개연성이 존재한다고 볼 여지가 있어 「공공기관의 정보공개에 관한 법률」 제9조 제1항 제5호에서 정한 비공개대상정보에 해당하는 부분이 있으나, '2002학년도부터 2005학년도까지의 대학수학능력시험 원데이터'는 연구 목적으로 그 정보의 공개를 청구하는 경우, 공개로 인하여 초래될 부작용이 공개로 얻을 수 있는 이익보다 더 클 것이라고 단정하기 어려우므로 그 공개로 대학수학능력시험 업무의 공정한 수행이 객관적으로 현저하게 지장을 받을 것이라는 고도의 개연성이 존재한다고 볼 수 없어 위 조항의 비공개대상정보에 해당하지 않는다.

대판 2006두15936 [문제은행식 국가시험문제지 및 정답지 비공개 대상]

1. 문제은행 출제방식을 채택하고 있는 치과의사 국가시험의 문제지와 정답지는 「공공기관의 정보공개에 관한 법률」상 비공개대상정보에 해당한다.
2. 치과의사 국가시험에서 채택하고 있는 문제은행 출제방식이 출제의 시간·비용을 줄이면서도 양질의 문항을 확보할 수 있는 등 많은 장점을 가지고 있는 점, 그 시험문제를 공개할 경우 발생하게 될 결과와 시험업무에 초래될 부작용 등을 감안하면, 위 시험의 문제지와 그 정답지를 공개하는 것은 시험업무의 공정한 수행이나 연구·개발에 현저한 지장을 초래한다고 인정할 만한 상당한 이유가 있는 경우에 해당하므로, 「공공기관의 정보공개에 관한 법률」 제9조 제1항 제5호에 따라 이를 공개하지 않을 수 있다.

대판 2000두6114 [사법시험 답안지 열람 거부처분취소(비공개)]

1. 사법시험 제2차 시험의 답안지 열람은 시험문항에 대한 채점위원별 채점 결과의 열람과 달리 사법시험 업무의 수행에 현저한 지장을 초래한다고 볼 수 없다(공개대상).
2. 답안지 및 시험문항에 대한 채점위원별 채점 결과를 열람하도록 하면 업무수행상의 공정성을 확보할 수 없을 뿐 아니라 그 평가업무의 수행자체에 지장을 초래할 것이 명백함은 물론, 법의 입법취지와 논술형 시험의 속성 및 시험관리와 그 평가사무의 본질, 공개로 인한 파장 등에 비추어 볼 때 답안지와 시험문항에 대한 채점위원별 채점 결과를 열람하도록 할 경우 시험업무의 공정한 수행에 현저한 지장을 초래한다고 인정할 상당한 이유가 있어 비공개정보에 해당한다.

대판 2010두14268 [장기요양등급판정 자료 비공개 결정]

1. 국민건강보험공단이 장기요양등급판정과 관련된 자료 일체는 「공공기관의 정보공개에 관한 법률」 제9조 제1항 제5호의 '공개될 경우 업무의 공정한 수행에 현저한 지장을 초래한다고 인정할 만한 상당한 이유가 있는 경우'에 해당한다는 이유로 비공개결정처분이 위법하지 않다.
2. 회의록은 의사결정과정이 기록된 것으로서 의사결정과정에 있는 사항에 준하는 것에 해당하고 공개될 경우 장기요양등급판정위원회 심의업무의 공정한 수행에 현저한 지장을 가져온다고 인정할 만한 타당한 이유가 있다.

대판 2013두20301 [국가보훈처 공적심사위원회 회의록 비공개 결정]

국가보훈처의 독립유공자 공적심사위원회의 심사에는 심사위원들의 전문적·주관적 판단이 상당 부분 개입될 수밖에 없는 심사의 본질에 비추어 공개를 염두에 두지 않은 상태에서의 심사가 그렇지 않은 경우보다 더 자유롭고 활발한 토의를 거쳐 객관적이고 공정한 심사 결과에 이를 개연성이 큰 점 등 위 회의록 공개에 의하여 보호되는 알권리의 보장과 비공개에 의하여 보호되는 업무수행의 공정성 등의 이익 등을 비교·교량해 볼 때, 위 회의록은 「정보공개법」 제9조 제1항 제5호에서 정한 '공개될 경우 업무의 공정한 수행에 현저한 지장을 초래한다고 인정할 만한 상당한 이유가 있는 정보'에 해당한다(비공개 대상).

관련판례

제9조 제6호 규정

해당 정보에 포함되어 있는 성명·주민등록번호 등 「개인정보 보호법」 제2조 제1호에 따른 개인정보로서 공개될 경우 사생활의 비밀 또는 자유를 침해할 우려가 있다고 인정되는 정보

대판 2001두6425 [업무추진비 집행내역 공개, 인적사항 비공개] 2023 기출

1. 「공공기관의 정보공개에 관한 법률」 제7조 제1항 제6호 단서 (다)목 '공개하는 것이 공익을 위하여 필요하다고 인정되는 정보'에 해당하는지 여부는 비공개에 의하여 보호되는 개인의 사생활 보호 등의 이익과 공개에 의하여 보호되는 국정운영의 투명성 확보 등의 공익을 비교·교량하여 구체적 사안에 따라 신중히 판단하여야 한다.
2. 업무추진비가 사적인 용도에 집행되거나 낭비되고 있을지도 모른다는 국민들의 의혹을 해소하고 행정절차의 투명성을 제고한다는 측면에서도 이를 일반 국민에게 공개할 필요성이 크다. 그러나 지방자치단체의 업무추진비 세부항목별 집행내역 및 그에 관한 증빙서류에 포함된 개인에 관한 정보는 '공개하는 것이 공익을 위하여 필요하다고 인정되는 정보'에 해당하지 않는다(비공개 대상정보).
3. 법원이 행정청의 정보공개거부처분의 위법 여부를 심리한 결과 공개를 거부한 정보에 1) 비공개대상정보에 해당하는 부분과 공개가 가능한 부분이 혼합되어 있고 2) 두 부분을 분리할 수 있음을 인정할 수 있을 때에는, 위 정보 중 3) 공개가 가능한 부분을 특정하고 판결의 주문에 행정청의 위 거부처분 중 공개가 가능한 정보에 관한 부분만을 취소한다고 표시하여야 한다.

대판 2003두8050 [사본공개거부처분취소] (법 제13조 관련판례에도 해당)

1. 공무원이 직무와 관련 없이 개인적인 자격으로 간담회·연찬회 등 행사에 참석하고 금품을 수령한 정보는 비공개에 의하여 보호되는 개인의 사생활보호의 이익과 공개에 의하여 보호되는 국정운영의 투명성 확보 등의 공익을 비교교량하여 판단할 때 비공개이익이 더 크므로 「공공기관의 정보공개에 관한 법률」 제9조 제1항 제6호 단서 (다)목 소정의 '공개하는 것이 공익을 위하여 필요하다고 인정되는 정보'에 해당하지 않는다(비공개 대상).
2. 정보공개를 청구하는 자가 공공기관에 대해 정보의 사본 또는 출력물의 교부의 방법으로 공개방법을 선택하여 정보공개청구를 한 경우에 공개청구를 받은 공공기관으로서는 법 제8조 제2항에서 규정한 정보의 사본 또는 복제물의 교부를 제한할 수 있는 사유에 해당하지 않는 한 정보공개청구자가 선택한 공개방법에 따라 정보를 공개하여야 하므로 그 공개방법을 선택할 재량권이 없다고 해석함이 상당하다.

대판 2016두44674 [공개방법결정청구] (법 제13조 관련판례에도 해당)

1. 구 「공공기관의 정보공개에 관한 법률」은, 정보의 공개를 청구하는 이가 정보공개방법도 아울러 지정하여 정보공개를 청구할 수 있도록 하고 있고, 전자적 형태의 정보를 전자적으로 공개하여 줄 것을 요청한 경우에는 공공기관은 원칙적으로 요청에 응할 의무가 있고, 나아가 비전자적 형태의 정보에 관해서도 전자적 형태로 공개하여 줄 것을 요청하면 재량판단에 따라 전자적 형태로 변환하여 공개할 수 있도록 하고 있다. 이는 정보의 효율적 활용을 도모하고 청구인의 편의를 제고함으로써 구 「정보공개법」의 목적인 국민의 알권리를 충실하게 보장하려는 것이므로, 청구인에게는 특정한 공개방법을 지정하여 정보공개를 청구할 수 있는 법령상 신청권이 있다.
2. 따라서 공공기관이 공개청구의 대상이 된 정보를 공개는 하되, 청구인이 신청한 공개방법 이외의 방법으로 공개하기로 하는 결정을 하였다면, 이는 정보공개청구 중 정보공개방법에 관한 부분에 대하여 일부 거부처분을 한 것이고, 청구인은 그에 대하여 항고소송으로 다툴 수 있다.

> [참조조문] 제13조 정보공개여부 결정통지
> ② 공공기관은 청구인이 사본 또는 복제물의 교부를 원하는 경우에는 이를 교부하여야 한다.
> ③ 공공기관은 공개 대상 정보의 양이 너무 많아 정상적인 업무수행에 현저한 지장을 초래할 우려가 있는 경우에는 해당 정보를 일정 기간별로 나누어 제공하거나 사본·복제물의 교부 또는 열람과 병행하여 제공할 수 있다.

관련판례

제9조 제7호 규정
법인·단체 또는 개인(이하 "법인등"이라 한다)의 경영상·영업상 비밀에 관한 사항

대판 2008두13101 [KBS 방송제작 기획정보 비공개]
한국방송공사(KBS)가 소외 3 교수의 논문조작 사건에 관한 사실관계의 진실 여부를 밝히기 위하여 제작한 '추적 60분' 가제 "새튼은 특허를 노렸나"인 방송용 60분 분량의 편집원본 테이프 1개에 대하여 정보공개청구를 하였으나, 한국방송공사가 정보공개청구접수를 받은 날로부터 20일 이내에 공개 여부결정을 하지 않아 비공개결정을 한 것으로 간주된 사안에서, 위 정보는 방송프로그램의 기획·편성·제작 등에 관한 정보로서, 「공공기관의 정보공개에 관한 법률」 제9조 제1항 제7호에서 비공개대상정보로 규정하고 있는 '법인 등의 경영·영업상 비밀에 관한 사항으로서 공개될 경우 법인 등의 정당한 이익을 현저히 해할 우려가 있다고 인정되는 정보'에 해당한다(비공개대상).

※ 한국방송공사(KBS)도 정보공개 의무가 있는 공공기관에 해당한다.

04 정보공개 여부의 결정(제11조)

공공기관은 제10조에 따라 정보공개의 청구를 받으면 그 청구를 받은 날부터 10일 이내에 공개 여부를 결정하여야 한다.

(1) 공공기관은 부득이한 사유로 제1항에 따른 기간 이내에 공개 여부를 결정할 수 없을 때에는 그 기간이 끝나는 날의 다음 날부터 기산(起算)하여 10일의 범위에서 공개 여부 결정기간을 연장할 수 있다. 이 경우 공공기관은 연장된 사실과 연장 사유를 청구인에게 지체 없이 문서로 통지하여야 한다.

(2) 공공기관은 공개 청구된 공개 대상 정보의 전부 또는 일부가 제3자와 관련이 있다고 인정할 때에는 그 사실을 제3자에게 지체 없이 통지하여야 하며, 필요한 경우에는 그의 의견을 들을 수 있다.

05 반복청구 등의 처리(제11조의2), 정보공개 여부 결정통지(제13조)

1. 반복청구 등의 처리 [다시2]

(1) **반복청구 종결**

공공기관은 정보공개 청구가 다음의 어느 하나에 해당하는 경우에는 정보공개 청구 대상 정보의 성격, 종전 청구와의 내용적 유사성·관련성, 종전 청구와 동일한 답변을 할 수밖에 없는 사정 등을 종합적으로 고려하여 해당 청구를 종결 처리할 수 있다. 이 경우 종결 처리 사실을 청구인에게 알려야 한다.
① 정보공개를 청구하여 정보공개 여부에 대한 결정의 통지를 받은 자가 정당한 사유 없이 해당 정보의 공개를 다시 청구하는 경우
② 정보공개 청구가 민원으로 처리되었으나 다시 같은 청구를 하는 경우

(2) **안내 후 종결**

공공기관은 정보공개 청구가 다음의 어느 하나에 해당하는 경우에는 다음의 구분에 따라 안내하고, 해당 청구를 종결 처리할 수 있다.
① 공개를 목적으로 작성되어 이미 정보통신망 등을 통하여 공개된 정보를 청구하는 경우
 : 해당 정보의 소재(所在)를 안내
② 다른 법령이나 사회통념상 청구인의 여건 등에 비추어 수령할 수 없는 방법으로 정보공개 청구를 하는 경우 : 수령이 가능한 방법으로 청구하도록 안내

2. 정보공개 여부 결정통지(제13조)

공공기관은 정보의 공개를 결정한 경우에는 공개의 일시 및 장소 등을 분명히 밝혀 청구인에게 통지하여야 한다.

(1) 공공기관은 청구인이 사본 또는 복제물의 교부를 원하는 경우에는 이를 교부하여야 한다.

(2) 공공기관은 공개 대상 정보의 양이 너무 많아 정상적인 업무수행에 현저한 지장을 초래할 우려가 있는 경우에는 해당 정보를 일정 기간별로 나누어 제공하거나 사본·복제물의 교부 또는 열람과 병행하여 제공할 수 있다.

(3) 공공기관은 정보를 공개하는 경우에 그 정보의 원본이 더럽혀지거나 파손될 우려가 있거나 그 밖에 상당한 이유가 있다고 인정할 때에는 그 정보의 사본·복제물을 공개할 수 있다.

(4) 공공기관은 정보의 비공개 결정을 한 경우에는 그 사실을 청구인에게 지체 없이 문서로 통지하여야 한다. 이 경우 제9조 제1항 각 호 중 어느 규정에 해당하는 비공개 대상 정보인지를 포함한 비공개 이유와 불복(不服)의 방법 및 절차를 구체적으로 밝혀야 한다.

> **관련판례**
>
> **대판 2003두8050 [사본공개거부처분취소]**
> 공무원이 직무와 관련 없이 개인적인 자격으로 간담회·연찬회 등 행사에 참석하고 금품을 수령한 정보는 「공공기관의 정보공개에 관한 법률」 제7조 제1항 제6호 단서 (다)목 소정의 '공개하는 것이 공익을 위하여 필요하다고 인정되는 정보'에 해당하지 않는다.
>
> **대판 2016두44674 [공개방법결정청구]**
> 공공기관이 공개청구의 대상이 된 정보를 공개는 하되, 청구인이 신청한 공개방법 이외의 방법으로 공개하기로 하는 결정을 하였다면, 이는 정보공개청구 중 정보공개방법에 관한 부분에 대하여 일부 거부처분을 한 것이고, 청구인은 그에 대하여 항고소송으로 다툴 수 있다.

06 정보공개심의회

1. 소속

국가기관, 지방자치단체 및 준정부기관, 지방공사, 지방공단에 설치한다. 정보공개심의회는 정보의 공개 여부, 이의신청, 기타 정보공개제도의 운영에 관한 사항을 심의한다.

2. 심의사항

정보의 공개 여부 결정, 이의신청(신청기간 경과한 경우 심의하지 아니한다), 기타 정보공개제도의 운영에 관한 사항을 심의한다.

3. 구성

(1) 심의회는 위원장 1명을 포함하여 5명 이상 7명 이하의 위원으로 구성한다.

(2) 심의회의 위원은 소속 공무원, 임직원 또는 외부 전문가로 지명하거나 위촉하되, 그중 3분의 2는 해당 국가기관 등의 업무 또는 정보공개의 업무에 관한 지식을 가진 외부 전문가로 위촉하여야 한다. 다만, 제9조 제1항 제2호 및 제4호에 해당하는 업무를 주로 하는 국가기관은 그 국가기관의 장이 외부 전문가의 위촉 비율을 따로 정하되, 최소한 3분의 1 이상은 외부 전문가로 위촉하여야 한다.

(3) 심의회의 위원장은 위원 중에서 국가기관 등의 장이 지명하거나 위촉한다.

4. 심의생략

(1) 심의회의 심의를 이미 거친 사항

(2) 단순·반복적인 청구

(3) 법령에 따라 비밀로 규정된 정보에 대한 청구에 해당하는 경우

07 부분공개(제14조) ★★★

1. 의의(부분공개 요건)

공개 청구한 정보가 제9조 제1항 각 호의 어느 하나에 해당하는 부분과 공개 가능한 부분이 혼합되어 있는 경우로서 ① 공개 청구의 취지에 어긋나지 아니하는 범위에서, ② 두 부분을 분리할 수 있는 경우, ③ 공개 가치가 있는 부분을 특정하여 제9조 제1항 각 호의 어느 하나에 해당하는 부분을 제외하고 공개하여야 한다.

2. 공개 여부 판단기준

비공개에 의하여 보호되는 업무수행의 공정성 등의 이익과 공개에 의하여 보호되는 국민의 알권리의 보장과 국정에 대한 국민의 참여 및 국정운영의 투명성 확보 등의 이익을 비교·교량하여 구체적인 사안에 따라 신중하게 판단되어야 한다[대판 2002두12946(정보공개거부처분취소)].

> **관련판례**
>
> **대판 2003두12707 [공개 및 비공개정보 혼합]**
> 공개를 거부한 정보에 비공개대상 정보에 해당하는 부분과 공개가 가능한 부분이 혼합되어 있고 공개청구의 취지에 어긋나지 아니하는 범위 안에서 두 부분을 분리할 수 있음을 인정할 수 있을 때에는 청구취지의 변경이 없더라도 공개가 가능한 정보에 관한 부분만의 일부취소를 명할 수 있다.
>
> **대판 2009두27802 [혼합정보시 공개가능 부분 구분공개]**
> 「정보공개법」 제14조는 공개청구한 정보가 제9조 제1항 각 호 소정의 비공개대상정보에 해당하는 부분과 공개가 가능한 부분이 혼합되어 있는 경우에는 공개청구의 취지에 어긋나지 아니하는 범위 안에서 두 부분을 분리할 수 있는 때에는 비공개대상정보에 해당하는 부분을 제외하고 공개하여야 한다고 규정하고 있는 바, 법원이 행정청의 정보공개거부처분의 위법 여부를 심리한 결과 공개를 거부한 정보에 비공개대상정보에 해당하는 부분과 공개가 가능한 부분이 혼합되어 있고 공개청구의 취지에 어긋나지 아니하는 범위 안에서 두 부분을 분리할 수 있음을 인정할 수 있을 때에는, 위 정보 중 공개가 가능한 부분을 특정하고 판결의 주문에 행정청의 위 거부처분 중 공개가 가능한 정보에 관한 부분만을 취소한다고 표시하여야 한다.
>
> **대판 2009두12785 [혼합정보 분리공개]**
> 교도소에 수용 중이던 재소자가 담당 교도관들을 상대로 가혹행위를 이유로 형사고소 및 민사소송을 제기하면서 그 증명자료 확보를 위해 '근무보고서'와 '징벌위원회 회의록' 등의 정보공개를 요청하였으나 교도소장이 이를 거부한 사안에서, 근무보고서는 「공공기관의 정보공개에 관한 법률」 제9조 제1항 제4호에 정한 비공개대상정보에 해당한다고 볼 수 없고, 징벌위원회 회의록 중 비공개 심사·의결 부분은 위 법 제9조 제1항 제5호의 비공개사유에 해당하지만 재소자의 진술, 위원장 및 위원들과 재소자 사이의 문답 등 징벌절차 진행 부분은 비공개사유에 해당하지 않는다고 보아 분리 공개가 허용된다.

08 부분공개 또는 비공개결정에 대한 불복절차

1. 이의신청(제18조)

(1) 청구인 이의신청

청구인이 정보공개와 관련한 공공기관의 비공개 결정 또는 부분 공개 결정에 대하여 불복이 있거나 정보공개 청구 후 **20일**이 **경과**하도록 정보공개 결정이 없는 때에는 공공기관으로부터 정보공개 여부의 결정 통지를 받은 날 또는 정보공개 청구 후 20일이 경과한 날부터 **30일 이내**에 해당 공공기관에 문서로 이의신청을 할 수 있다.

(2) 공공기관의 처리

공공기관은 이의신청을 받은 날부터 **7일 이내**에 그 이의신청에 대하여 결정하고 그 결과를 청구인에게 지체 없이 문서로 통지하여야 한다. 다만, 부득이한 사유로 정하여진 기간 이내에 결정할 수 없을 때에는 그 기간이 끝나는 날의 다음 날부터 기산하여 **7일의 범위**에서 연장할 수 있으며, 연장사유를 청구인에게 통지하여야 한다.

2. 행정심판(제19조)

청구인이 정보공개와 관련한 공공기관의 결정에 대하여 불복이 있거나 정보공개 청구 후 20일이 경과하도록 정보공개 결정이 없는 때에는 처분을 알게 된 날로부터 90일, 있었던 날로부터 180일 이내에 공공기관의 결정에 대하여 불복이 있는 때 이의신청절차를 생략하고 행정심판을 청구할 수 있다.

3. 행정소송(제20조)

청구인이 정보공개와 관련한 공공기관의 결정에 대하여 불복이 있거나 정보공개 청구 후 20일이 경과하도록 정보공개 결정이 없는 때에는 처분을 안 날로부터 90일, 있었던 날로부터 1년 이내에 공공기관의 결정에 대하여 불복이 있는 때 행정심판청구를 생략하고 행정소송 제기할 수 있다.

09 즉시처리가 가능한 정보공개(제16조)

다음의 어느 하나에 해당하는 정보로서 즉시 또는 말로 처리가 가능한 정보에 대해서는 정보공개여부 결정절차를 거치지 아니하고 공개하여야 한다.

(1) 법령 등에 따라 공개를 목적으로 작성된 정보
(2) 일반국민에게 알리기 위하여 작성된 각종 홍보자료
(3) 공개하기로 결정된 정보로서 공개에 오랜 시간이 걸리지 아니하는 정보
(4) 그 밖에 공공기관의 장이 정하는 정보

10 정보공개결정에 대한 제3자 구제방법(제21조)

1. 제3자의 비공개요청

공공기관은 공개 청구된 공개 대상 정보의 전부 또는 일부가 제3자와 관련이 있다고 인정할 때에는 그 사실을 제3자에게 지체 없이 통지하여야 하며, 공개 청구된 사실을 통지받은 제3자는 그 통지를 받은 날부터 **3일 이내**에 해당 공공기관에 대하여 자신과 관련된 정보를 공개하지 아니할 것을 요청할 수 있다.

2. 공개결정 제3자 통보 및 이의신청

(1) 비공개 요청에도 불구하고 공공기관이 공개 결정을 할 때에는 공개 결정 이유와 공개 실시일을 분명히 밝혀 지체 없이 문서로 통지하여야 하며, 제3자의 이의신청은 통지를 받은 날부터 **7일 이내**에 하여야 한다.
(2) 공공기관은 **공개 결정일과 공개 실시일 사이에 최소한 30일의 간격**을 두어야 한다.

3. 행정심판(제19조)

제3자는 처분을 알게 된 날로부터 90일, 있었던 날로부터 180일 이내에 공공기관의 결정에 대하여 불복이 있는 때 이의신청절차를 생략하고 행정심판을 청구할 수 있다.

4. 행정소송(제20조)

제3자는 처분을 안 날로부터 90일, 있었던 날로부터 1년 이내에 공공기관의 결정에 대하여 불복이 있는 때 행정심판청구를 생략하고 행정소송을 제기할 수 있다.

11 정보공개위원회(제22조)

1. 소속
행정안전부장관

2. 업무
(1) 정보공개에 관한 정책 수립 및 제도 개선에 관한 사항

(2) 정보공개에 관한 기준 수립에 관한 사항

(3) 심의회 심의결과의 조사·분석 및 심의기준 개선 관련 의견제시에 관한 사항

(4) 공공기관의 정보공개 운영실태 평가 및 그 결과 처리에 관한 사항

(5) 정보공개와 관련된 불합리한 제도·법령 및 그 운영에 대한 조사 및 개선권고에 관한 사항

(6) 법 제7조 제1항에 따른 정보의 사전적 공개에 관한 사항(영 제19조 제1호)

3. 구성
위원회는 성별을 고려하여 위원장과 부위원장 각 1명을 포함한 11명의 위원으로 구성한다. 이 경우 위원장을 포함한 7명은 공무원이 아닌 사람으로 위촉하여야 한다.

구분	정보공개심의회	정보공개위원회
소속	국가기관, 지자체, 지방공사 등	행정안전부(장관)
업무	정보공개 여부 심사	정보공개정책수립, 재도개선, 기준수립, 운영실태평가 등
구성	위원장 1인 포함 5인 이상 7인 이내 위원	위원장 및 부위원장 각 1인 포함 11인의 위원

제3절 정보공개법 사례 연습

01 정보공개방법

>> 2015년 행시

甲은 행정청 乙이 지출한 업무추진비의 예산집행내역과 지출증빙서 등에 관하여 乙에게 정보공개청구를 하였다. 다음 물음에 답하시오. (30점)

물음 1) 甲은 정보의 사본 또는 출력물의 교부의 방법으로 정보공개를 청구하였는데 乙은 이에 반하여 열람방법에 의한 공개방법을 선택할 수 있는가? (10점)

∥사안의 해결∥

[관련판례] 대판 2003두8050 [사본공개거부처분취소] - p.84 참조

02 정보공개방법 (2)

>> 2015년 행시

물음 2) 공개청구된 정보 중에는 乙이 주최한 간담회·연찬회 등 각종 행사 관련 지출 증빙에 행사 참석자(공무원도 참석함)를 식별할 수 있는 개인정보가 포함되어 있다. 乙은 이를 이유로 정보공개를 거부할 수 있는가? (20점)

∥사안의 해결∥

[관련규정] 「정보공개법」 제9조 제1항 제6호 다목(비공개대상정보)
해당 정보에 포함되어 있는 성명·주민등록번호 등 「개인정보 보호법」 제2조 제1호에 따른 개인정보로서 공개될 경우 사생활의 비밀 또는 자유를 침해할 우려가 있다고 인정되는 정보다. 공공기관이 작성하거나 취득한 정보로서 공개하는 것이 공익이나 개인의 권리 구제를 위하여 필요하다고 인정되는 정보
[관련판례] 대판 2001두6425 [업무추진비 집행내역 공개, 인적사항 비공개]

03 비공개결정의 적법성 검토

>> 2009년 행시

A고등학교 교장인 甲은 소속교사인 乙이 행실이 못마땅하고, 그 소속단체인 교사연구회에 대하여도 반감을 가지로 있던 중에 乙이 신청한 A학교시설의 개방 및 그 이용을 거부하였다. 그러자 평소 甲의 학교운영에 불만을 품고 있던 乙은 학교장 甲의 업무추진비 세부항목별 집행내역 및 그에 관한 증빙서류에 대하여 정보공개를 청구하였다. 이에 甲은 청구된 정보의 내용 중에는 개인의 사생활의 비밀 또는 자유를 침해할 우려가 있는 정보가 포함되어 있다는 이유로 乙의 청구에 대하여 비공개결정을 하였다.

물음) 甲의 비공개결정이 타당한지 적법성 여부에 대하여 검토하시오. (15점)

‖ 사안의 해결 ‖

[관련규정] 「정보공개법」 제9조 제1항 제6호 다목
[관련판례] 대판 2001두6425 [업무추진비 내역 중 개인정보 비공개]
[결론(적법성 여부)] 관련판례에 따르면 甲의 업무추진비 세부항목별 집행내역 및 그에 관한 증빙서류에 포함된 개인정보는 '공익을 위하여 필요하다고 인정되는 정보'에 해당하지 않으며 공개가능한 정보와 분리할 수 있는 내용으로 「정보공개법」 제14조(부분공개)에 따라 공개하지 아니할 수 있으나 업무추진비 관련자료는 공개하여야 하므로 청구에 대한 정보 전체에 대하여 비공개결정을 한 것은 적법하지 않다.

04 비공개결정의 타당성 검토

>> 2011년 행시

서울특별시 A구에 위치한 입시사설학원 입학상담사 甲은 입학지도 목적으로 교육과학기술부장관 乙에게 각 학교별 성적분포도를 포함, 서울지역 2010년 대학수학능력시험평가(원데이터)에 관한 정보(수능시험정보)공개를 청구하였다. 이에 乙은 청구에 응할 경우 학교의 서열화의 야기와 아울러 공정업무수행에 현저한 지장을 초래할 우려가 있다는 이유로 비공개결정을 하였다.

물음) 乙의 비공개결정의 타당성을 검토하시오. (10점)

‖ 사안의 해결 ‖

[관련규정] 「정보공개법」 제9조 제1항 제5호
감사·감독·검사·시험·규제·입찰계약·기술개발·인사관리에 관한 사항이나 의사결정 과정 또는 내부검토 과정에 있는 사항 등으로서 공개될 경우 업무의 공정한 수행이나 연구·개발에 현저한 지장을 초래한다고 인정할 만한 상당한 이유가 있는 정보

[관련판례] 대판 2007두9877 [정보공개거부처분취소] 원데이터

05 비공개대상정보

> 2021년 행정사

국내에 주소를 두고 거주하는 외국인 甲은 A광역시에 건물을 보유하고 있다. 그러나 이 건물이 공익사업을 이유로 A광역시지방토지수용위원회의 수용재결을 받게 되었고, 이에 대해 이의신청을 하였으나 중앙토지수용위원회에서 기각재결이 이루어졌다. 그러자 甲은 토지수용위원회의 회의록에 기재된 발언내용에 대한 해당 발언자의 인적사항 부분에 관한 정보공개를 청구하였다. 甲이 정보공개청구권의 주체가 될 수 있는지와 청구내용이 정보공개대상이 되는지를 검토하시오. (20점)

‖ 사안의 해결 ‖

[관련판례] 회의록 중 발언자의 인적사항까지 공개된다면 공개에 대한 부담감으로 심의업무의 공정한 수행에 지장을 초래하고 사생활 자유를 침해할 우려가 있어 비공개대상 정보가 타당하다고 판시하였다.

06 비공개대상정보＋부분공개

> 2022년 행정사

학교폭력 사건에 연루되어 강제전학조치를 받은 사립중학교에 재학 중인 학생 甲이 강제전학조치에 불복하여 행정심판을 제기하고자, 학교폭력대책위원회의 회의록에 대하여 「공공기관의 정보공개에 관한 법률」(이하 "법"이라 한다)에 근거하여 정보공개를 청구하였다. 사립중학교가 이 법의 적용대상이 되는지를 설명하고, 회의록에 사생활 관련 사항이 포함되어 있다면 어떤 범위로 정보공개를 할 수 있는지를 설명하시오. (20점)

‖ 사안의 해결 ‖

[관련판례] 부분공개 대상의 경우 공개청구의 취지에 어긋나지 아니하는 범위 안에서 두 부분을 분리할 수 있음을 인정할 수 있을 때에는 공개가 가능한 부분을 특정하고, 행정청의 거부처분 중 공개가 가능한 정보를 공개하여야 한다고 판시하였다.

07 비공개대상정보＋부분공개(2)

> 2023년 행정사

甲은 A시장의 업무추진비가 사적인 용도로 사용되고 있을지도 모른다는 의혹이 생기자 「공공기관의 정보공개에 관한 법률」에 근거하여 A시장에게 'A시장의 업무추진비 집행명세서 사본'(이하 '이 사건 정보'라고 한다)의 공개를 청구하였다. 이 사건 정보의 내용 중에는 A시장의 업무추진비 집행의 상대방이 된 개인의 이름과 주민등록번호도 포함되어 있지만, 이름·주민등록번호가 삭제된 사본을 교부하는 방식에 의한 공개는 가능하다. 그런데 A시장은 "이 사건 정보의 내용 중에는 개인의 이름과 주민등록번호도 포함되어 있어 이를 공개할 경우에는 개인의 사생활의 비밀과 자유를 침해할 우려가 있다"는 이유로 이 사건 정보의 전부에 대해 비공개결정을 하였다. 이 사건 정보 중 이름·주민등록번호를 제외한 나머지 부분은 비공개대상정보가 아니라고 전제할 때, A시장이 위와 같은 이유로 이 사건 정보의 전부에 대해 비공개결정을 한 것이 타당한지를 검토하시오. (20점)

‖ 사안의 해결 ‖

[관련판례] 공개청구된 대상에 비공개대상정보와 공개가능한 정보가 혼합되어 있는 경우, 비공개에 의하여 보호되는 개인의 사생활 보호 등의 이익과 공개에 의하여 보호되는 국정운영의 투명성 확보 등의 공익을 비교교량하여 공개여부를 판단하여야 한다.

행정사
이상기 행정절차론

PART

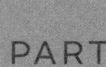

03

개인정보 보호법

PART 03 개인정보 보호법

체계 및 기출분석

I 제1장 총칙
제3조 개인정보 보호 원칙 2021 기출
제4조 정보주체의 권리 2014 기출
개인정보 자기결정권(判) 2021 기출

II 제2장 정책수립
제7조 개인정보 보호위원회 - 구성, 심의·의결사항

III 제3장 개인정보 처리 ★★★
제1절 수집·이용·제공
제15조 개인정보의 수집·이용
제17조 제3자 제공
제18조 목적 외 이용 2025 기출(20점)
제20조 정보주체의 수집 출처
제22조 동의받는 방법

제2절 개인정보 처리 제한
제24조 고유식별정보 처리 제한
제24조의2 주민등록번호 처리 제한
제25조 고정형 영상정보처리기기 제한 2015 기출(40점)
제25조의2 이동형 영상정보처리기기 제한

제3절 가명정보 처리특례
제28조의2 가명정보 처리
제28조의3 가명정보 결합 제한
제28조의4 가명정보 안전조치의무
제28조의5 가명정보 처리 시 금지의무

제4절 개인정보 국외 이전(2023년 신설)
제28조의8 개인정보 국외 이전
제28조의9 가명정보 국외 이전 중지 명령

IV 제4장 개인정보의 안전한 관리 ★★★
제32조의2 개인정보 보호 인증
제33조 개인정보 영향평가
제34조 개인정보 유출 등의 통지·신고 2016 기출

V 제5장 정보주체 권리 보장
제35조 개인정보의 열람
제35조의2 개인정보의 전송요구
제35조의3 개인정보관리 전문기관
제35조의4 개인정보 전송 관리 및 지원
제36조 개인정보의 정정·삭제
제37조 개인정보의 처리정지 등
제39조 손배책임 2019 기출

VI 제6장 삭제
제39조의2 비밀유지명령
제39조의5 비밀유지명령의 취소

VII 제7장 개인정보 분쟁조정위원회 2024 기출
제40조 설치
제43조 조정신청
제44조 처리기간
제46조 조정 전 합의 권고
제47조 분쟁조정
제48조 조정거부 및 중지
제49조 집단분쟁조정
제50조 조정절차

VIII 제8장 개인정보 단체소송
제51조 단체소송 대상 등
제53조 소송대리인 선임
제54조 소송허가신청
제55조 소송허가요건
제56조 확정판결 효력

제1절 개인정보 보호 원칙 및 개인정보 보호위원회

01 개인정보 보호 원칙(제3조)[최소한, 익·가명, 최정완, 사생활, 안전, 권리, 신뢰]

(1) 개인정보처리자는 개인정보의 처리 목적을 명확하게 하여야 하고 그 목적에 필요한 범위에서 **최소한**의 개인정보만을 적법하고 **정당**하게 수집하여야 한다.

(2) 개인정보처리자는 개인정보의 처리 목적에 필요한 범위에서 적합하게 개인정보를 처리하여야 하며, 그 **목적 외**의 용도로 활용하여서는 아니 된다.

(3) 개인정보처리자는 개인정보의 처리 목적에 필요한 범위에서 개인정보의 **정확성, 완전성 및 최신성**이 보장되도록 하여야 한다.

(4) 개인정보처리자는 개인정보의 처리 방법 및 종류 등에 따라 정보주체의 권리가 침해받을 가능성과 그 위험 정도를 고려하여 개인정보를 **안전**하게 관리하여야 한다.

(5) 개인정보처리자는 제30조에 따른 개인정보 처리방침 등 개인정보의 처리에 관한 사항을 공개하여야 하며, 열람청구권 등 정보주체의 **권리**를 보장하여야 한다.

(6) 개인정보처리자는 정보주체의 **사생활 침해**를 최소화하는 방법으로 개인정보를 처리하여야 한다.

(7) 개인정보처리자는 개인정보를 **익명 또는 가명**으로 처리하여도 개인정보 수집목적을 달성할 수 있는 경우 익명처리가 가능한 경우에는 익명에 의하여, 익명처리로 목적을 달성할 수 없는 경우에는 가명에 의하여 처리될 수 있도록 하여야 한다.

(8) 개인정보처리자는 이 법 및 관계 법령에서 규정하고 있는 책임과 의무를 준수하고 실천함으로써 정보주체의 **신뢰**를 얻기 위하여 노력하여야 한다.

02 개인정보자기결정권 2021 기출

1. 개념

'개인정보자기결정권'은 '자기정보 관리통제권', '자기정보 통제권' 등 여러 명칭으로 혼용되어 사용되고 있는데, 이는 자신과 관계된 정보의 흐름을 통제할 수 있는 권리, 혹은 자신에 관한 정보가 언제 누구에게 어느 범위까지 알려지고 또 이용되도록 할 것인지를 그 정보주체가 스스로 결정할 수 있는 권리, 즉 정보주체가 개인정보의 공개와 이용에 관하여 스스로 결정할 권리(헌재 2005.05.26, 99헌마513)를 의미한다.

2. 헌법적 견해

개인정보자기결정권에 대한 헌법적 근거에 대한 견해는 다양하여 「헌법」 제10조의 인간의 존엄과 가치를 통하여 보장된다는 견해, 「헌법」 제17조의 사생활의 자유와 비밀에 의해 인정된다는 견해, 「헌법」 제10조와 제17조를 종합하여 이해하는 견해 등이 있다.

3. 대법원 판례

대법원 판례에서는 「헌법」 제10조에 보장된 인격권과 「헌법」 제17조에 보장된 사생활의 자유의 적극적 개념에 입각하여 개인정보 자기결정권을 도출한 바 있다(대법원 1998.7.24. 선고 96다 42789).

03 개인정보 보호위원회(제7조)

소속	국무총리
인적 구성	상임위원 2명(위원장, 부위원장) 포함 9명의 위원
위원장, 부위원장	국무총리 제청 대통령 임명·위촉
위원 2명	위원장 제청
위원 2명	대통령이 소속되거나 소속되었던 정당의 교섭단체 추천
위원 3명	그 외 교섭단체 추천으로 대통령 임명 또는 위촉
임기	3년, 1회 연임
정치활동 금지	정치활동금지, 제척·기피·회피 적용

1. 심의·의결 사항(계획 → 평가 → 개선 → 명령 → 부과)

(1) 개인정보 보호 기본계획 및 시행계획에 관한 사항

(2) 개인정보 침해요인 평가 및 영향평가 결과에 관한 사항

(3) 개인정보 보호와 관련된 정책, 제도 및 법령의 개선에 관한 사항

(4) 개인정보의 국외이전 금지명령, 공표명령에 관한 사항

(5) 과징금, 과태료 부과에 관한 사항

2. 회의

(1) 보호위원회의 회의는 위원장이 필요하다고 인정하거나 재적위원 4분의 1 이상의 요구가 있는 경우에 위원장이 소집한다.

(2) 위원장 또는 2명 이상의 위원은 보호위원회에 의안을 제의할 수 있다.

(3) 보호위원회의 회의는 재적위원 과반수의 출석으로 개의하고, 출석위원 과반수의 찬성으로 의결한다.

3. 소위원회

(1) 보호위원회는 효율적인 업무 수행을 위하여 개인정보 침해 정도가 경미하거나 유사·반복되는 사항 등을 심의·의결할 소위원회를 둘 수 있다.

(2) 소위원회는 3명의 위원으로 구성한다.

(3) 소위원회의 회의는 구성위원 전원의 출석과 출석위원 전원의 찬성으로 의결한다.

제2절 개인정보 보호법 주요조문 비교정리(제15조, 제17조, 제18조)

조번호, 명	개념	제공 범위 / 목적 외 이용·제3자 제공 범위
개인정보 수집· 이용제한 (제15조)	개인정보처리자는 **다음 각 호의** 어느 하나에 해당하는 경우에는 개인정보를 **수집**할 수 있으며 그 수집 목적의 범위에서 **이용**할 수 있다.	1. 정보주체의 동의를 받은 경우 (**동의**) 　(고지 : **목**적, **항**목, **기**간, **거**부권, **거**부에 따른 **불이익**) 2. 법률에 특별한 규정이 있거나 법령상 의무를 준수하기 위하여 불가피한 경우(**규정, 법령 의무**) 3. 공공기관이 법령 등에서 정하는 소관 업무의 수행을 위하여 불가피한 경우(**공공업무**) 4. 정보주체와 체결한 계약을 이행하거나 계약을 체결하는 과정에서 정보주체의 요청에 따른 조치를 이행하기 위하여 필요한 경우 (**계약**) 5. 명백히 정보주체의 급박한 생명, 신체, 재산의 이익을 위하여 필요하다고 인정되는 경우(**이익**) 6. 개인정보처리자의 정당한 이익을 달성하기 위하여 필요한 경우로서 명백하게 정보주체의 권리보다 우선하는 경우(**처리자 권리우선**) 7. 공중위생 등 공공의 안전과 안녕을 위하여 긴급히 필요한 경우(**공공안전**)
개인정보 제3자 제공 (제17조)	개인정보처리자는 다음 각 호의 어느 하나에 해당 되는 경우에는 정보주체의 개인정보를 제3자에게 제공할 수 있다.	1. 정보주체의 동의를 받은 경우(**동의**) 　(고지 : **제3자**, **목**적, **항**목, **기**간, **거**부권, **거**부 **불이익**) 2. 법률에 특별한 규정이 있거나 법령상 의무를 준수하기 위하여 불가피한 경우(**규정, 법령 의무**) 3. 공공기관이 법령 등에서 정하는 소관 업무의 수행을 위하여 불가피한 경우(**공공업무**) 4. 명백히 정보주체의 급박한 생명, 신체, 재산의 이익을 위하여 필요하다고 인정되는 경우(**이익**) 5. 개인정보처리자의 정당한 이익을 달성하기 위하여 필요한 경우로서 명백하게 정보주체의 권리보다 우선하는 경우(**처리자 권리우선**) 6. 공중위생 등 공공의 안전과 안녕을 위하여 긴급히 필요한 경우(**공공안전**) ※ 제15조 제4호 제외

개인정보 목적 외 이용 (제18조) 2025 기출	개인정보처리자는 개인정보를 원칙적으로 제3자에게 제공하여서는 아니 된다.	1. 정보주체로부터 **별도의 동의를 받은 경우**(**별도 동의**) (고지: **제3자**, **목적**, **항목**, **기간**, **거부권**, **거부 불이익**) 2. **다른 법률에 특별한 규정이 있는 경우**(**규정**) 3. 명백히 정보주체 또는 제3자의 급박한 생명, 신체, 재산의 이익을 위하여 필요하다고 인정되는 경우(**이익**) 4. [공공업무＝공공기관 限] • 개인정보를 목적 외의 용도로 이용하거나 이를 제3자에게 제공하지 아니하면 다른 법률에서 정하는 소관 업무를 수행할 수 없는 경우로서 **보호위원회의 심의·의결**을 거친 경우 • 조약, 그 밖의 국제협정의 이행을 위하여 **외국정부 또는 국제기구**에 제공하기 위하여 필요한 경우 • **범죄의 수사와 공소의 제기 및 유지**를 위하여 필요한 경우 • **법원의 재판업무** 수행을 위하여 필요한 경우 • **형(刑) 및 감호**, **보호처분**의 집행을 위하여 필요한 경우 5. 공중위생 등 공공의 안전과 안녕을 위하여 긴급히 필요한 경우(**공공안전**)

◆ 제15조와 제37조의 비교

제15조	2. 법률에 특별한 규정이 있거나 법령상 의무를 준수하기 위하여 불가피한 경우(**규정, 법령 의무**) 3. 공공기관이 법령 등에서 정하는 소관 업무의 수행을 위하여 불가피한 경우(**공공업무**) 4. 정보주체와 체결한 계약을 이행하거나 계약을 체결하는 과정에서 정보주체의 요청에 따른 조치를 이행하기 위하여 필요한 경우(**계약**) 5. 명백히 정보주체의 급박한 생명, 신체, 재산의 이익을 위하여 필요하다고 인정되는 경우(**이익**)
제37조 (개인정보의 처리정지 등) ① 정보주체는 자신의 개인정보 처리의 정지요구·처리동의 철회 ② 개인정보처리자는 처리정지 요구를 받았을 때에는 정보주체의 개인정보 처리의 전부·일부를 정지하여야 한다. 다만, **다음 각 호의 어느 하나에 해당하는 경우 처리정지 요구 거절 가능**	1. 법률에 특별한 규정이 있거나 법령상 의무를 준수하기 위하여 불가피한 경우(**규정, 법령 의무**) 2. 공공기관이 개인정보를 처리하지 아니하면 다른 법률에서 정하는 소관 업무를 수행할 수 없는 경우(**공공업무**) 3. 개인정보를 처리하지 아니하면 정보주체와 약정한 서비스를 제공하지 못하는 등 계약의 이행이 곤란한 경우로서 정보주체가 그 계약의 해지 의사를 명확하게 밝히지 아니한 경우(**계약**) 4. 다른 사람의 생명·신체를 해할 우려가 있거나 다른 사람의 재산과 그 밖의 이익을 부당하게 침해할 우려가 있는 경우(**이익**)

◆ **제18조와 제28조의8의 비교**

제18조	1. 정보주체로부터 **별도의 동의**를 받은 경우(**별도 동의**) 　(고지 : 제3자, 목적, 항목, 기간, 거부권, 거부 불이익) 2. **다른 법률에 특별한 규정이 있는 경우**(규정) 3. 명백히 정보주체 또는 제3자의 급박한 생명, 신체, 재산의 이익을 위하여 필요하다고 인정되는 경우(**이익**) 4. [공공업무＝공공기관 限] 　• 개인정보를 목적 외의 용도로 이용하거나 이를 제3자에게 제공하지 아니하면 다른 법률에서 정하는 소관 업무를 수행할 수 없는 경우로서 **보호위원회의 심의·의결**을 거친 경우 　• 조약, 그 밖의 국제협정의 이행을 위하여 **외국정부 또는 국제기구**에 제공하기 위하여 필요한 경우 　• **범죄의 수사와 공소의 제기 및 유지**를 위하여 필요한 경우 　• **법원의 재판업무** 수행을 위하여 필요한 경우 　• **형(刑) 및 감호, 보호처분**의 집행을 위하여 필요한 경우 5. 공중위생 등 공공의 안전과 안녕을 위하여 긴급히 필요한 경우(**공공안전**)
제28조의8 (개인정보의 국외 이전) 개인정보처리자는 개인정보를 국외로 **이전불가**. 다만, 다음 각 호의 어느 하나에 해당하는 경우 **이전 가능**	1. 정보주체로부터 국외 이전에 관한 **별도의 동의**를 받은 경우(**별도 동의**) 2. 법률, 대한민국을 당사자로 하는 **조약** 또는 그 밖의 **국제협정**에 개인정보의 국외 이전에 관한 특별한 규정이 있는 경우 3. 정보주체와의 **계약의 체결 및 이행**을 위하여 개인정보의 처리위탁·보관이 필요한 경우 4. 개인정보를 이전받는 자가 **보호위원회**가 정하여 고시하는 **인증**을 받은 경우 5. 개인정보가 이전되는 국가 또는 국제기구의 개인정보 보호체계, 정보주체 권리보장 범위, 피해구제 절차 등이 이 법에 따른 개인정보 보호 수준과 실질적으로 동등한 수준을 갖추었다고 **보호위원회가 인정**하는 경우

제3절 개인정보 보호법 조문내용 정리

01 정보주체 이외로부터 수집한 개인정보의 수집 출처 등 통지(제20조 제1항)

개인정보처리자가 정보주체 이외로부터 수집한 개인정보를 처리하는 때에는 정보주체의 요구가 있으면 즉시 다음의 모든 사항을 정보주체에게 알려야 한다.

1. 정보주체 요구에 의한 통지

(1) 개인정보의 수집 출처

(2) 개인정보의 처리 목적

(3) 개인정보 처리의 정지를 요구하거나 동의를 철회할 권리가 있다는 사실

2. 필수적 통지

개인정보의 종류·규모, 종업원 수 및 매출액 규모 등을 고려하여, 다음에 해당하는 자는 정보주체 이외로부터 개인정보를 수집하여 처리하는 때에는 제1항 각 호의 모든 사항을 정보주체에게 알려야 한다(제2항).

(1) 5만 명 이상의 정보주체에 관하여 민감정보 또는 고유식별정보를 처리하는 자

(2) 100만 명 이상의 정보주체에 관하여 개인정보를 처리하는 자

3. 통지방법

개인정보를 제공받은 날부터 3개월 이내에 정보주체에게 알려야 한다. 다만, 정보주체의 동의를 받은 범위에서 연 2회 이상 주기적으로 개인정보를 제공받아 처리하는 경우에는 그 동의를 받은 날부터 기산하여 연 1회 이상 정보주체에게 알려야 한다(영 제15조의2 제2항).

4. 통지의 예외

통지를 요하는 대상정보가 다음에 해당하는 경우 통지의 예외사항에 해당한다.

(1) 국가 안전, 외교상 비밀, 그 밖에 국가의 중대한 이익에 관한 사항을 기록한 개인정보파일

(2) 범죄의 수사, 공소의 제기 및 유지, 형 및 감호의 집행, 교정처분, 보호처분, 보안관찰처분과 출입국관리에 관한 사항을 기록한 개인정보파일

(3) 「조세범 처벌법」에 따른 범칙행위 조사 및 「관세법」에 따른 범칙행위 조사에 관한 사항을 기록한 개인정보파일

(4) 일회적으로 운영되는 파일 등 지속적으로 관리할 필요성이 낮다고 인정되어 대통령령으로 정하는 개인정보파일

(5) 다른 법령에 따라 비밀로 분류된 개인정보파일

02 동의받는 방법(제22조) [구동, 서동, 동구, 거부, 14세]

1. 각각의 동의사항을 구분 [구동 / 수, 3, 목, 자, 민, 고, 홍]

개인정보처리자는 이 법에 따른 개인정보의 처리에 대하여 정보주체의 동의를 받을 때에는 각각의 동의 사항을 구분하여 정보주체가 이를 명확하게 인지할 수 있도록 알리고 각각의 동의를 받아야 한다(제1항).

(1) 제15조(개인정보 수집·이용)

(2) 제17조(개인정보 제3자 제공)

(3) 제18조(개인정보의 목적 외 이용·제공제한)

(4) 제19조(개인정보를 제공받은 자의 이용·제공 제한)

(5) 제23조(민감정보의 처리제한)

(6) 제24조(고유식별의 처리제한)

(7) 재화나 서비스를 홍보하거나 판매를 권유하기 위하여 개인정보의 처리에 대한 동의를 받으려는 경우

2. 서면동의 [서동]

개인정보처리자는 제1항의 동의를 서면(전자문서 포함)으로 받을 때에는 개인정보의 수집·이용 목적, 수집·이용하려는 개인정보의 항목 등 중요한 내용을 보호위원회가 고시로 정하는 방법에 따라 명확히 표시하여 알아보기 쉽게 하여야 한다(제2항).

3. 무동의(선택적 동의) 처리 개인정보와 동의 필요(필수적 동의) 개인정보의 구분 [동구]

개인정보처리자는 정보주체의 동의 없이 처리할 수 있는 개인정보에 대해서는 그 항목과 처리의 법적 근거를 정보주체의 동의를 받아 처리하는 개인정보와 구분하여 공개하거나 전자우편 등의 방법에 따라 정보주체에게 알려야 한다. 이 경우 동의 없이 처리할 수 있는 개인정보라는 입증책임은 개인정보처리자가 부담한다(제3항).

4. 재화 또는 서비스의 제공 거부금지 [거부]

개인정보처리자는 정보주체가 선택적으로 동의할 수 있는 사항을 동의를 하지 아니한다는 이유로 정보주체에게 재화 또는 서비스의 제공을 거부하여서는 아니 된다(제5항).

5. 아동의 개인정보 보호(제22조의2) [14세]

(1) 개인정보처리자는 만 14세 미만 아동의 개인정보를 처리하기 위하여 이 법에 따른 동의를 받아야 할 때에는 그 법정대리인의 동의를 받아야 하며, 법정대리인이 동의하였는지를 확인하여야 한다.

(2) 제1항에도 불구하고 법정대리인의 동의를 받기 위하여 필요한 최소한의 정보로서 대통령령으로 정하는 정보는 법정대리인의 동의 없이 해당 아동으로부터 직접 수집할 수 있다.

(3) 개인정보처리자는 만 14세 미만의 아동에게 개인정보 처리와 관련한 사항의 고지 등을 할 때에는 이해하기 쉬운 양식과 명확하고 알기 쉬운 언어를 사용하여야 한다.

03 고유식별정보 및 주민등록번호 처리 제한(제24조, 제24조의2)

1. 고유식별정보 처리 제한

개인정보처리자는 예외사항을 제외하고 개인을 고유하게 구별하기 위하여 부여된 식별정보로서 대통령령으로 정하는 정보를 처리할 수 없다.

2. 예외사항

(1) 정보주체에게 아래의 사항을 알리고 다른 개인정보의 처리에 대한 동의와 **별도로 동의를 받은 경우**
  ① 개인정보를 제공받는 **자**
  ② 개인정보의 수집·이용 **목적**
  ③ 수집하려는 개인정보의 **항목**
  ④ 개인정보의 보유 및 이용 **기간**
  ⑤ 동의를 **거**부할 권리가 있다는 사실 및 동의 거부에 따른 **불**이익이 있는 경우, 그 불이익 내용

(2) **법**령에서 구체적으로 고유식별정보의 처리를 요구하거나 허용하는 경우

3. 주민등록번호 처리 제한

(1) 개인정보처리자는 다음의 어느 하나에 해당하는 경우를 제외하고는 주민등록번호를 처리할 수 없다[**법령, 생명(재산), 고시**].
  ① 법률·대통령령·국회규칙·대법원규칙·헌법재판소규칙·중앙선거관리위원회규칙 및 감사원규칙에서 구체적으로 주민등록번호의 처리를 요구하거나 허용한 경우
  ② 정보주체 또는 제3자의 급박한 생명, 신체, 재산의 이익을 위하여 명백히 필요하다고 인정되는 경우
  ③ 주민등록번호 처리가 불가피한 경우로서 보호위원회가 고시로 정하는 경우

(2) 개인정보처리자는 정보주체가 인터넷 홈페이지를 통하여 회원으로 가입하는 단계에서는 주민등록번호를 사용하지 아니하고도 회원으로 가입할 수 있는 방법을 제공하여야 한다.

(3) 보호위원회는 관계 법령의 정비, 계획의 수립, 필요한 시설 및 시스템의 구축 등 제반 조치를 마련·지원할 수 있다.

04 고정형 영상정보처리기기 설치·운영(제25조) 2015 기출

1. 고정형 영상정보처리기기의 설치·운영 제한

(1) **설치 제한**
  누구든지 공개된 장소에 고정형 영상정보처리기기를 설치·운영하여서는 아니 된다.

(2) **예외 사항**
  ① 법령에서 구체적으로 허용하고 있는 경우
  ② 범죄의 예방 및 수사를 위하여 필요한 경우
  ③ 시설의 안전 및 관리, 화재 예방을 위하여 정당한 권한을 가진 자가 설치·운영하는 경우
  ④ 교통단속을 위하여 정당한 권한을 가진 자가 설치·운영하는 경우
  ⑤ 교통정보의 수집·분석 및 제공을 위하여 정당한 권한을 가진 자가 설치·운영하는 경우
  ⑥ 촬영된 영상정보를 저장하지 아니하는 경우로서 대통령령으로 정하는 경우

(3) **목욕실, 화장실, 발한실(發汗室), 탈의실 설치 제한**
  누구든지 불특정 다수가 이용하는 목욕실, 화장실, 발한실(發汗室), 탈의실 등 개인의 사생활을 현저히 침해할 우려가 있는 장소의 내부를 볼 수 있도록 고정형 영상정보처리기기를 설치·운영하여서는 아니 된다. 다만, 교도소, 정신보건 시설 등 법령에 근거하여 사람을 구금하거나 보호하는 시설로서 대통령령으로 정하는 시설에 대하여는 그러하지 아니하다.

2. 운영

(1) 고정형 영상정보처리기기를 설치·운영하려는 공공기관의 장과 고정형 영상정보처리기기를 설치·운영하려는 자는 공청회·설명회의 개최 등 대통령령으로 정하는 절차를 거쳐 관계 전문가 및 이해관계인의 의견을 수렴하여야 한다.

(2) 정보주체가 쉽게 인식할 수 있도록 안내판을 설치하는 등 필요한 조치를 하여야 한다.

(3) 고정형 영상정보처리기기 운영자는 고정형 영상정보처리기기의 설치 목적과 다른 목적으로 고정형 영상정보처리기기를 임의로 조작하거나 다른 곳을 비춰서는 아니 되며, 녹음기능은 사용할 수 없다.

(4) 고정형 영상정보처리기기 운영자는 개인정보가 분실·도난·유출·위조·변조 또는 훼손되지 아니하도록 제29조에 따라 안전성 확보에 필요한 조치를 하여야 한다.

(5) 고정형 영상정보처리기기 운영자는 고정형 영상정보처리기기 운영·관리 방침을 마련하여야 한다.

(6) 고정형 영상정보처리기기 운영자는 영상정보처리기기의 설치·운영에 관한 사무를 위탁할 수 있다.

05 이동형 영상정보처리기기 설치·운영(제25조의2)

1. 이동형 영상정보처리기기 설치·운영 제한

(1) 설치 제한

공개된 장소에서 이동형 영상정보처리기기로 사람 또는 그 사람과 관련된 사물의 영상(개인정보에 해당하는 경우로 한정한다)을 촬영하여서는 아니 된다.

(2) 예외 사항

① 제15조 제1항 각 호의 어느 하나에 해당하는 경우[**동의, 규정(의무), 공공업무, 계약, 이익, 처리자우선, 공공안전**]

② 촬영 사실을 명확히 표시하여 정보주체가 촬영 사실을 알 수 있도록 하였음에도 불구하고 촬영 거부 의사를 밝히지 아니한 경우. 이 경우 정보주체의 권리를 부당하게 침해할 우려가 없고 합리적인 범위를 초과하지 아니하는 경우로 한정한다.

(3) 목욕실, 화장실, 발한실, 탈의실 설치 제한

누구든지 불특정 다수가 이용하는 목욕실, 화장실, 발한실, 탈의실 등 개인의 사생활을 현저히 침해할 우려가 있는 장소의 내부를 볼 수 있는 곳에서 이동형 영상정보처리기기로 사람 또는 그 사람과 관련된 사물의 영상을 촬영하여서는 아니 된다. 다만, 인명의 구조·구급 등을 위하여 필요한 경우로서 대통령령으로 정하는 경우에는 그러하지 아니하다.

2. 운영

(1) 이동형 영상정보처리기기로 사람 또는 그 사람과 관련된 사물의 영상을 촬영하는 경우에는 불빛, 소리, 안내판 등 대통령령으로 정하는 바에 따라 촬영 사실을 표시하고 알려야 한다.

(2) 이동형 영상정보처리기기 운영자는 개인정보가 분실·도난·유출·위조·변조 또는 훼손되지 아니하도록 제29조에 따라 안전성 확보에 필요한 조치를 하여야 한다.

(3) 이동형 영상정보처리기기 운영자는 이동형 영상정보처리기기 운영·관리 방침을 마련하여야 한다.

(4) 이동형 영상정보처리기기 운영자는 영상정보처리기기의 설치·운영에 관한 사무를 위탁할 수 있다.

06 업무위탁에 따른 개인정보의 처리 제한(제26조)

1. 위탁업무

개인정보처리자가 제3자에게 개인정보의 처리 업무를 위탁하는 경우에는 다음의 내용이 포함된 문서로 하여야 한다.

(1) 위탁업무 수행 목적 외 개인정보의 처리 금지에 관한 사항

(2) 개인정보의 기술적·관리적 보호조치에 관한 사항

(3) 그 밖에 개인정보의 안전한 관리를 위하여 대통령령으로 정한 사항

2. 위탁자의 업무

(1) 개인정보의 처리 업무를 위탁하는 개인정보처리자는 위탁하는 업무의 내용과 개인정보 처리 업무를 위탁받아 처리하는 자를 정보주체가 언제든지 쉽게 확인할 수 있도록 대통령령으로 정하는 방법에 따라 공개하여야 한다.

(2) 위탁자가 재화 또는 서비스를 홍보하거나 판매를 권유하는 업무를 위탁하는 경우에는 대통령령으로 정하는 방법에 따라 위탁하는 업무의 내용과 수탁자를 정보주체에게 알려야 한다.

(3) 위탁자는 업무 위탁으로 인하여 정보주체의 개인정보가 분실·도난·유출·위조·변조 또는 훼손되지 아니하도록 수탁자를 교육하고, 처리 현황 점검 등 대통령령으로 정하는 바에 따라 수탁자가 개인정보를 안전하게 처리하는지를 감독하여야 한다.

3. 수탁자의 업무

(1) 수탁자는 개인정보처리자로부터 위탁받은 해당 업무 범위를 초과하여 개인정보를 이용하거나 제3자에게 제공하여서는 아니 된다.

(2) 수탁자는 위탁받은 개인정보의 처리 업무를 제3자에게 다시 위탁하려는 경우에는 위탁자의 동의를 받아야 한다.

(3) 수탁자가 위탁받은 업무와 관련하여 개인정보를 처리하는 과정에서 이 법을 위반하여 발생한 손해배상책임에 대하여는 수탁자를 개인정보처리자의 소속 직원으로 본다.

07 영업양도 등에 따른 개인정보의 이전 제한(제27조)

1. 개인정보처리자의 의무

개인정보처리자는 영업의 전부 또는 일부의 양도·합병 등으로 개인정보를 다른 사람에게 이전하는 경우에는 미리 다음의 사항을 대통령령으로 정하는 방법에 따라 해당 정보주체에게 알려야 한다.

(1) 개인정보를 이전하려는 사실(인수·합병 사실 등)

(2) 개인정보를 이전받는 자(양수자)의 성명(법인의 경우에는 법인의 명칭을 말한다), 주소, 전화번호 및 그 밖의 연락처

(3) 정보주체가 개인정보의 이전을 원하지 아니하는 경우 조치할 수 있는 방법 및 절차

2. 영업양수자의 의무

(1) 영업양수자 등은 개인정보를 이전받았을 때에는 지체 없이 그 사실을 대통령령으로 정하는 방법에 따라 정보주체에게 알려야 한다. 다만, 개인정보처리자가 제1항에 따라 그 이전 사실을 이미 알린 경우에는 그러하지 아니하다.

(2) 영업양수자 등은 영업의 양도·합병 등으로 개인정보를 이전받은 경우에는 이전 당시의 본래 목적으로만 개인정보를 이용하거나 제3자에게 제공할 수 있다. 이 경우 영업양수자 등은 개인정보처리자로 본다.

08 가명정보의 처리에 관한 특례(제28조의2)

1. 가명정보

(1) **정의**

가명처리함으로써 원래의 상태로 복원하기 위한 추가 정보의 사용·결합 없이는 특정 개인을 알아볼 수 없는 정보

(2) **가명처리**

"가명처리"란 개인정보의 일부를 삭제하거나 일부 또는 전부를 대체하는 등의 방법으로 추가 정보가 없이는 특정 개인을 알아볼 수 없도록 처리하는 것을 말한다.

2. 가명정보의 처리

(1) 개인정보처리자는 통계작성, 과학적 연구, 공익적 기록보존 등을 위하여 정보주체의 동의 없이 가명정보를 처리할 수 있다.

(2) 개인정보처리자는 가명정보를 제3자에게 제공하는 경우에는 특정 개인을 알아보기 위하여 사용될 수 있는 정보를 포함해서는 아니 된다.

3. 가명정보의 결합 제한

(1) 통계작성, 과학적 연구, 공익적 기록보존 등을 위한 서로 다른 개인정보처리자 간의 가명정보의 결합은 보호위원회 또는 관계 중앙행정기관의 장이 지정하는 전문기관이 수행한다.

(2) 결합을 수행한 기관 외부로 결합된 정보를 반출하려는 개인정보처리자는 가명정보로 처리한 뒤 전문기관의 장의 승인을 받아야 한다.

4. 안전조치의무

(1) 개인정보처리자는 가명정보를 처리하는 경우에는 해당 정보가 분실·도난·유출·위조·변조 또는 훼손되지 않도록 대통령령으로 정하는 바에 따라 안전성 확보에 필요한 기술적·관리적 및 물리적 조치를 하여야 한다.

(2) 가명정보를 파기한 경우에는 파기한 날부터 <u>3년 이상 보관</u>하여야 한다.

5. 가명정보 처리 시 금지의무

가명정보를 처리하는 자는 특정 개인을 알아보기 위한 목적으로 가명정보를 처리해서는 아니 된다.

6. 과징금 부과

특정 개인을 알아보기 위한 목적으로 정보를 처리한 경우(**위 5. 금지의무 위반**), 보호위원회는 해당 개인정보처리자에게 전체 매출액의 100분의 3을 초과하지 아니하는 범위에서 과징금을 부과할 수 있다. 다만, 매출액이 없거나 매출액의 산정이 곤란한 경우로서 대통령령으로 정하는 경우에는 20억 원을 초과하지 아니하는 범위에서 과징금을 부과할 수 있다.

09 개인정보의 국외 이전(제28조의8)

1. 국외 이전

1) 원칙(이전 제한)

개인정보처리자는 개인정보를 국외로 제공(조회되는 경우를 포함한다)·처리위탁·보관하여서는 아니 된다.

2) 예외

다음의 어느 하나에 해당하는 경우에는 개인정보를 국외로 이전할 수 있다.

(1) 정보주체로부터 국외 이전에 관한 **별도의 동의**를 받은 경우

(2) 법률, 대한민국을 당사자로 하는 조약 또는 그 밖의 국제협정에 개인정보의 국외 이전에 관한 **특별한 규정**이 있는 경우

(3) 정보주체와의 **계약의 체결 및 이행**을 위하여 개인정보의 처리위탁·보관이 필요한 경우로서 다음의 어느 하나에 해당하는 경우
　① 개인정보 처리방침에 공개한 경우
　② 전자우편 등 대통령령으로 정하는 방법에 따라 정보주체에게 알린 경우

(4) 개인정보를 이전받는 자가 개인정보 보호 인증 등 **보호위원회가** 정하여 고시하는 **인증**을 받은 경우로서 다음의 조치를 모두 한 경우
   ① 개인정보 보호에 필요한 안전조치 및 정보주체 권리보장에 필요한 조치
   ② 인증받은 사항을 개인정보가 이전되는 국가에서 이행하기 위하여 필요한 조치
(5) 개인정보가 이전되는 국가 또는 국제기구의 개인정보 보호체계, 정보주체 권리보장 범위, 피해구제 절차 등이 이 법에 따른 **개인정보 보호 수준과 실질적으로 동등**한 수준을 갖추었다고 보호위원회가 인정하는 경우

2. 동의를 받는 경우 통지사항

(1) 이전되는 개인정보 항목

(2) 개인정보가 이전되는 국가, 시기 및 방법

(3) 개인정보를 이전받는 자의 성명(법인인 경우에는 그 명칭과 연락처를 말한다)

(4) 개인정보를 이전받는 자의 개인정보 이용목적 및 보유·이용 기간

(5) 개인정보의 이전을 거부하는 방법, 절차 및 거부의 효과

10 개인정보의 국외 이전 중지 명령(제28조의9)

1. 중지 명령

보호위원회는 개인정보의 국외 이전이 계속되고 있거나 추가적인 국외 이전이 예상되는 경우 개인정보처리자에게 개인정보의 국외 이전을 중지할 것을 명할 수 있다.

2. 사유

(1) 개인정보 국외 이전의 예외사유(제28조의8 제1항 제1호 내지 제5호) **외의 사유**로 이전한 경우

(2) 개인정보처리자가 국외 이전과 관련한 이 법의 규정을 준수하지 않고, **보호조치를 위반**한 경우(제28조의8 제4항)

(3) 개인정보처리자가 **이 법을 위반**하는 사항을 내용으로 하는 개인정보의 국외 이전에 관한 **계약을 체결**하여서는 아니 된다는 규정을 위반한 경우(제28조의8 제5항)

(4) 개인정보를 이전받는 자나 개인정보가 이전되는 국가 또는 국제기구가 이 법에 따른 개인정보 보호 수준에 비하여 **개인정보를 적정하게 보호하지 아니하여 정보주체에게 피해가 발생하거나 발생할 우려가** 현저한 경우

3. 중지 명령에 대한 이의제기(영 제29조의12)

(1) 이의를 제기하려는 자는 국외 이전 중지 명령을 받은 날부터 <u>7일 이내</u>에 보호위원회에 이의 제기할 수 있다.

(2) 보호위원회는 이의신청서를 제출받은 날부터 <u>30일 이내</u>에 그 처리결과를 해당 개인정보처리자에게 문서로 알려야 한다.

11 개인정보 보호 인증(제32조의2)

1. 개인정보 보호 인증

(1) 보호위원회는 개인정보처리자의 개인정보 처리 및 보호와 관련한 일련의 조치가 이 법에 부합하는지 등에 관하여 인증할 수 있다.

(2) 인증의 유효기간은 3년으로 한다.

(3) 보호위원회는 개인정보 보호 인증의 실효성 유지를 위하여 연 1회 이상 사후관리를 실시하여야 한다.

2. 인증 취소

보호위원회는 다음의 어느 하나에 해당하는 경우에는 대통령령으로 정하는 바에 따라 위 1.에 따른 인증을 취소할 수 있다. 다만, (1)에 해당하는 경우에는 취소하여야 한다.

(1) 거짓이나 그 밖의 부정한 방법으로 개인정보 보호 인증을 받은 경우

(2) 사후관리를 거부 또는 방해한 경우

(3) 인증기준에 미달하게 된 경우

(4) 개인정보 보호 관련 법령을 위반하고 그 위반사유가 중대한 경우

12 개인정보 영향평가(제33조)

1. 의의

공공기관의 장은 개인정보파일의 운용으로 인하여 정보주체의 개인정보 침해가 우려되는 경우에는 그 위험요인의 분석과 개선 사항 도출을 위한 평가를 하고 그 결과를 보호위원회에 제출하여야 한다.

2. 영향평가 대상(영 제35조)

(1) 5만 명 이상의 정보주체에 관한 민감정보 또는 고유식별정보의 처리가 수반되는 개인정보파일

(2) 구축·운용하고 있는 개인정보파일을 다른 개인정보파일과 연계하려는 경우로서 연계 결과 50만 명 이상의 정보주체에 관한 개인정보가 포함되는 개인정보파일

(3) 100만 명 이상의 정보주체에 관한 개인정보파일

(4) 영향평가를 받은 후에 개인정보파일의 운용체계를 변경하려는 경우

3. 영향 평가 시 고려사항

(1) 처리하는 개인정보의 수

(2) 개인정보의 제3자 제공 여부

(3) 정보주체의 권리를 해할 가능성 및 그 위험 정도

4. 영향평가기관의 지정 취소

보호위원회는 지정된 평가기관이 다음의 어느 하나에 해당하는 경우에는 평가기관의 지정을 취소할 수 있다. 다만, (1), (2)에 해당하는 경우에는 평가기관의 지정을 취소하여야 한다.

(1) 거짓이나 그 밖의 부정한 방법으로 지정을 받은 경우

(2) 지정된 평가기관 스스로 지정취소를 원하거나 폐업한 경우

(3) 지정요건을 충족하지 못하게 된 경우

(4) 고의 또는 중대한 과실로 영향평가업무를 부실하게 수행하여 그 업무를 적정하게 수행할 수 없다고 인정되는 경우

13 개인정보 유출 통지 등(제34조) 2016 기출

1. 유출 등 통지

개인정보처리자는 개인정보가 분실·도난·유출되었음을 알게 되었을 때에는 지체 없이 해당 정보주체에게 다음의 사항을 알려야 한다. 다만, 정보주체의 연락처를 알 수 없는 경우 등 정당한 사유가 있는 경우에는 대통령령으로 정하는 바에 따라 통지를 갈음하는 조치를 취할 수 있다.

⑴ 유출 등이 된 개인정보의 항목

⑵ 유출 등이 된 시점과 그 경위

⑶ 유출 등으로 인하여 발생할 수 있는 피해를 최소화하기 위하여 정보주체가 할 수 있는 방법 등에 관한 정보

⑷ 개인정보처리자의 대응조치 및 피해 구제절차

⑸ 정보주체에게 피해가 발생한 경우 신고 등을 접수할 수 있는 담당부서 및 연락처

2. 유출피해 대책마련

개인정보처리자는 개인정보가 유출 등이 된 경우 그 피해를 최소화하기 위한 대책을 마련하고 필요한 조치를 하여야 한다.

3. 유출 등 신고(법 제34조 제3항, 영 제40조 제1항)

개인정보처리자는 <u>1,000명 이상의 개인정보가 유출</u> 등이 된 경우·<u>민감정보 또는 고유식별정보가 유출</u> 등이 된 경우 조치사항을 <u>지체 없이(개인정보가 유출 등이 되었음을 알게 되었을 때에는 72시간 이내)</u> 보호위원회 또는 대통령령으로 정하는 전문기관(한국인터넷진흥원)에 신고하여야 한다. 이 경우 보호위원회 또는 대통령령으로 정하는 전문기관은 피해 확산방지, 피해 복구 등을 위한 기술을 지원할 수 있다.

14 정보주체의 권리(보장)(제4조, 제35조, 제35조의2, 제36조, 제37조)

1. 정보주체의 권리(제4조) [선택, 요구, 제공, 거부, 파기, 구제]

정보주체는 자신의 개인정보 처리와 관련하여 다음의 권리를 가진다.

⑴ 개인정보의 처리에 관한 정보를 **제공**받을 권리

⑵ 개인정보의 처리에 관한 동의 여부, 동의 범위 등을 **선택**하고 결정할 권리

⑶ 개인정보의 처리 여부를 확인하고 개인정보에 대한 열람(사본의 발급을 포함한다) 및 전송을 **요구**할 권리

⑷ 개인정보의 처리 정지, 정정·삭제 및 **파기**를 요구할 권리

⑸ 개인정보의 처리로 인하여 발생한 피해를 신속하고 공정한 절차에 따라 **구제**받을 권리

⑹ 완전히 자동화된 개인정보 처리에 따른 결정을 **거부**하거나 그에 대한 설명 등을 요구할 권리

2. 정보주체의 권리보장

(1) 개인정보 열람요구권(제35조)

정보주체는 개인정보처리자가 처리하는 자신의 개인정보에 대한 열람을 해당 개인정보처리자에게 요구할 수 있다.

(2) 정보주체가 자신의 개인정보에 대한 열람을 공공기관에 요구하고자 할 때에는 공공기관에 직접 열람을 요구하거나 대통령령으로 정하는 바에 따라 보호위원회를 통하여 열람을 요구할 수 있다.

(3) 개인정보처리자는 열람을 요구받았을 때에는 10일 이내에 정보주체가 해당 개인정보를 열람할 수 있도록 해야 한다.

3. 개인정보의 전송 요구(제35조의2)

(1) 전송 요구

정보주체는 개인정보처리자에게 개인정보를 자신 또는 개인정보관리 전문기관 등에게로 전송할 것을 요구할 수 있다.

(2) 정보전송자의 전송정보

① 보건의료정보전송자(질병관리청, 건강보험심사평가원, 상급종합병원 등)의 보건의료정보
② 통신정보전송자(이동통신서비스 제공자 등)의 통신정보
③ 에너지정보전송자(전기판매사업자, 도시가스사업자 등)의 에너지정보

(3) 전송을 요구하는 정보의 요건

① 정보주체가 전송을 요구하는 개인정보가 정보주체 본인에 관한 개인정보일 것
② 개인정보처리자가 분석·가공하여 별도로 생성한 정보가 아닐 것
③ 컴퓨터 등 정보처리장치로 처리되는 개인정보일 것

(4) 전송 요구의 철회

정보주체는 전송 요구를 철회할 수 있다.

(5) 전송 요구의 제한

정보주체는 전송 요구로 인하여 타인의 권리나 정당한 이익을 침해하여서는 아니 된다.

(6) 개인정보처리자의 거절 또는 전송 중단

개인정보처리자는 정보주체의 본인 여부가 확인되지 아니하는 경우 등에는 전송 요구를 거절하거나 전송을 중단할 수 있다.

(7) **고유식별정보의 처리**

정보전송자는 개인정보의 전송 요구에 관한 사무를 수행하기 위하여 불가피한 경우 고유식별정보가 포함된 자료를 처리(본인 여부 확인을 하는 경우로 한정)할 수 있다.

4. 개인정보관리 전문기관

(1) **성립**

개인정보관리 전문기관은 보호위원회 또는 관계 중앙행정기관의 장으로부터 지정을 받아야 한다.

(2) **수행 업무**

① 개인정보의 전송 요구권 행사 지원, ② 정보주체의 권리행사를 지원하기 위한 개인정보 전송시스템의 구축 및 표준화 등의 업무를 수행한다.

(3) **금지 행위**

① 정보주체에게 개인정보의 전송 요구를 강요하거나 부당하게 유도하는 행위
② 그 밖에 개인정보를 침해하거나 정보주체의 권리를 제한할 우려가 있는 행위

5. 보호위원회의 지원

(1) **개인정보 전송 지원 플랫폼**

보호위원회는 개인정보 전송 지원 플랫폼을 구축·운영할 수 있다.

(2) **전송 지원 플랫폼과 전송 시스템의 연계**

보호위원회는 개인정보 전송 지원 플랫폼과 개인정보관리 전문기관의 전송 시스템을 상호 연계하거나 통합할 수 있다.

6. 개인정보의 정정·삭제요구권(제36조)

자신의 개인정보를 열람한 정보주체는 개인정보처리자에게 그 개인정보의 정정 또는 삭제를 요구할 수 있다. 다만, 다른 법령에서 그 개인정보가 수집 대상으로 명시되어 있는 경우에는 그 삭제를 요구할 수 없다.

7. 개인정보의 처리정지 등 요구권(제37조)

정보주체는 개인정보처리자에 대하여 자신의 개인정보 처리의 정지를 요구하거나 개인정보 처리에 대한 동의를 철회할 수 있다.

15 개인정보 처리정지(제37조)

1. 처리정지

(1) 정보주체는 개인정보처리자에 대하여 자신의 개인정보 처리의 정지를 요구하거나 개인정보 처리에 대한 동의를 철회할 수 있다.

(2) 개인정보처리자는 제1항에 따른 처리정지 요구를 받았을 때에는 지체 없이 정보주체의 요구에 따라 개인정보 처리의 전부를 정지하거나 일부를 정지하여야 한다.

2. 처리정지 예외

(1) 거절사유
① 법률에 특별한 규정이 있거나 법령상 의무를 준수하기 위하여 불가피한 경우
② 다른 사람의 생명·신체를 해할 우려가 있거나 다른 사람의 재산과 그 밖의 이익을 부당하게 침해할 우려가 있는 경우
③ 공공기관이 개인정보를 처리하지 아니하면 다른 법률에서 정하는 소관 업무를 수행할 수 없는 경우
④ 개인정보를 처리하지 아니하면 정보주체와 약정한 서비스를 제공하지 못하는 등 계약의 이행이 곤란한 경우로서 정보주체가 그 계약의 해지 의사를 명확하게 밝히지 아니한 경우

(2) 개인정보처리자의 조치
① 개인정보처리자는 정보주체가 제1항에 따라 동의를 철회한 때에는 지체 없이 수집된 개인정보를 복구·재생할 수 없도록 파기하는 등 필요한 조치를 하여야 한다.
② 개인정보처리자는 처리정지 요구를 거절하거나 동의 철회에 따른 조치를 하지 아니하였을 때에는 정보주체에게 지체 없이 그 사유를 알려야 한다.
③ 개인정보처리자는 정보주체의 요구에 따라 처리가 정지된 개인정보에 대하여 지체 없이 해당 개인정보의 파기 등 필요한 조치를 하여야 한다.

16 개인정보처리자의 손해배상책임(제39조) 2019 기출

1. 손해배상청구

정보주체는 개인정보처리자가 이 법을 위반한 행위로 손해를 입으면 개인정보처리자에게 손해배상을 청구할 수 있다. 이 경우 그 개인정보처리자는 고의 또는 과실이 없음을 입증하지 아니하면 책임을 면할 수 없다.

2. 손해배상액의 범위

개인정보처리자의 고의 또는 중대한 과실로 인하여 개인정보가 분실·도난·유출·위조·변조 또는 훼손된 경우로서 정보주체에게 손해가 발생한 때에는 법원은 그 손해액의 **5배**를 넘지 아니하는 범위에서 손해배상액을 정할 수 있다. 다만, 개인정보처리자가 고의 또는 중대한 과실이 없음을 증명한 경우에는 그러하지 아니하다.

3. 손해배상액 산정 시 고려사항

법원은 제3항의 배상액을 정할 때에는 다음의 사항을 고려하여야 한다.

(1) 고의 또는 손해 발생의 우려를 인식한 정도

(2) 위반행위로 인하여 입은 피해 규모

(3) 위법행위로 인하여 개인정보처리자가 취득한 경제적 이익

(4) 위반행위에 따른 벌금 및 과징금

(5) 위반행위의 기간·횟수 등

(6) 개인정보처리자의 재산상태

(7) 개인정보처리자가 정보주체의 개인정보 분실·도난·유출 후 해당 개인정보를 회수하기 위하여 노력한 정도

(8) 개인정보처리자가 정보주체의 피해구제를 위하여 노력한 정도

17 법정손해배상의 청구(제39조의2)

1. 법정손해액

정보주체는 개인정보처리자의 고의 또는 과실로 인하여 개인정보가 분실·도난·유출·위조·변조 또는 훼손된 경우에는 300만 원 이하의 범위에서 상당한 금액을 손해액으로 하여 배상을 청구할 수 있다. 이 경우 해당 개인정보처리자는 고의 또는 과실이 없음을 입증하지 아니하면 책임을 면할 수 없다(제1항).

2. 손해액 인정

법원은 청구가 있는 경우에 변론 전체의 취지와 증거조사의 결과를 고려하여 300만 원의 범위에서 상당한 손해액을 인정할 수 있다(제2항).

3. 청구의 변경

제39조에 따라 손해배상을 청구한 정보주체는 사실심(事實審)의 변론이 종결되기 전까지 그 청구를 제1항에 따른 청구로 변경할 수 있다(제3항).

18 비밀유지명령(제39조의4)

1. 비밀유지명령

법원은 「개인정보 보호법」을 위반한 행위로 인한 손해배상청구소송에서 당사자의 신청에 따른 결정으로 다음의 자에게 그 당사자가 보유한 영업비밀을 해당 소송의 계속적인 수행 외의 목적으로 사용하거나 그 영업비밀유지명령을 받은 자 외의 자에게 공개하지 아니할 것을 명할 수 있다. 다만, 그 신청 시점까지 다음의 자가 준비서면의 열람이나 증거조사 외의 방법으로 그 영업비밀을 이미 취득하고 있는 경우에는 그러하지 아니하다.

(1) 다른 당사자(법인인 경우에는 그 대표자를 말한다)

(2) 당사자를 위하여 해당 소송을 대리하는 자

(3) 그 밖에 해당 소송으로 영업비밀을 알게 된 자

2. 비밀유지명령 신청자의 사유소명

비밀유지명령을 신청하는 자는 다음의 사유를 모두 소명하여야 한다.

(1) 이미 제출하였거나 제출하여야 할 준비서면, 이미 조사하였거나 조사하여야 할 증거 또는 제출하였거나 제출하여야 할 자료에 영업비밀이 포함되어 있다는 것

(2) 영업비밀이 해당 소송 수행 외의 목적으로 사용되거나 공개되면 당사자의 영업에 지장을 줄 우려가 있어 이를 방지하기 위하여 영업비밀의 사용 또는 공개를 제한할 필요가 있다는 것

3. 비밀유지명령 신청

비밀유지명령의 신청은 다음의 사항을 적은 서면으로 하여야 한다.

(1) 비밀유지명령을 받을 자

(2) 비밀유지명령의 대상이 될 영업비밀을 특정하기에 충분한 사실

(3) 소명사유에 해당하는 사실

4. 송달

(1) 법원은 비밀유지명령이 결정된 경우에는 그 결정서를 비밀유지명령을 받을 자에게 송달하여야 한다.

(2) 비밀유지명령은 결정서가 비밀유지명령을 받을 자에게 송달된 때부터 효력이 발생한다.

5. 즉시항고

비밀유지명령의 신청을 기각하거나 각하한 재판에 대해서는 즉시항고를 할 수 있다.

19 비밀유지명령의 취소(제39조의5)

1. 취소신청

비밀유지명령을 신청한 자 또는 비밀유지명령을 받은 자는 비밀유지명령에 관한 소명사유에 부합하지 아니하는 사실이나 사정이 있는 경우 법원에 비밀유지명령의 취소를 신청할 수 있다.

2. 송달

법원은 비밀유지명령의 취소신청에 대한 재판이 있는 경우에는 그 결정서를 그 신청을 한 자 및 상대방에게 송달하여야 한다.

3. 즉시항고

비밀유지명령의 취소신청에 대한 재판에 대해서는 즉시항고를 할 수 있다.

4. 취소의 효력

비밀유지명령을 취소하는 재판은 확정되어야 효력이 발생한다.

5. 취소재판사실 통지

비밀유지명령을 취소하는 재판을 한 법원은 비밀유지명령의 취소신청을 한 자 또는 상대방 외에 해당 영업비밀에 관한 비밀유지명령을 받은 자가 있는 경우에는 그 자에게 즉시 비밀유지명령의 취소재판을 한 사실을 알려야 한다.

20 손해배상의 보장(제39조의7)

1. 손해배상 보장

개인정보처리자로서 매출액, 개인정보의 보유 규모 등을 고려하여 손해배상책임의 이행을 위하여 보험 또는 공제에 가입하거나 준비금을 적립하는 등 필요한 조치를 하여야 한다.

2. 손해배상보장의 예외

다음의 어느 하나에 해당하는 자는 위 1.에 따른 조치를 하지 아니할 수 있다.

(1) 대통령령으로 정하는 공공기관, 비영리법인 및 단체
(2) 「소상공인기본법」상 소상공인으로서 대통령령으로 정하는 자에게 개인정보 처리를 위탁한 자
(3) 다른 법률에 따라 손해배상책임의 이행을 보장하는 보험 또는 공제에 가입하거나 준비금을 적립한 개인정보처리자

21 개인정보 분쟁조정위원회(제40조)

1. 개인정보 분쟁제도의 개념

개인정보 분쟁조정 제도는, 개인정보에 관한 분쟁이 발생하였을 때 비용이 많이 들고 시간이 오래 걸리는 소송제도의 대안으로서 비용 없이 신속하게 분쟁을 해결할 수 있는 조정을 통해 개인정보 침해를 당한 국민의 피해를 신속하고 원만하게 구제하는 제도이다.

2. 분쟁조정위원회 설치 및 구성

(1) 개인정보에 관한 분쟁의 조정(調停)을 위하여 개인정보 분쟁조정위원회(이하 "분쟁조정위원회")를 둔다.
(2) 분쟁조정위원회는 위원장 1명을 포함한 30명 이내의 위원으로 구성한다.
(3) 위원장은 위원 중에서 공무원이 아닌 사람으로 보호위원회 위원장이 위촉한다.
(4) 분쟁조정위원회는 조정사건의 분야별로 5명 이내의 위원으로 구성되는 조정부를 둘 수 있다.

3. 조정의 신청

(1) 개인정보와 관련한 분쟁의 조정을 원하는 자는 분쟁조정위원회에 분쟁조정을 신청할 수 있다.

(2) 분쟁조정위원회는 당사자 일방으로부터 분쟁조정 신청을 받았을 때에는 그 신청내용을 상대방에게 알려야 한다.

(3) **개인정보처리자**가 분쟁조정의 통지를 받은 경우에는 특별한 사유가 없으면 분쟁조정에 응하여야 한다.

4. 처리기간

분쟁조정 신청을 받은 날부터 **60일 이내**에 이를 심사하여 조정안을 작성하여야 한다.

5. 자료요청 및 사실조사

분쟁조정위원회는 분쟁의 조정을 위하여 필요한 자료를 분쟁당사자에게 요청할 수 있으며, 분쟁의 조정을 위하여 사실 확인이 필요한 경우에는 관련 자료를 조사하거나 열람하게 할 수 있다.

6. 조정 전 합의권고

분쟁조정위원회는 분쟁조정 신청을 받았을 때에는 당사자에게 그 내용을 제시하고 조정 전 합의를 권고할 수 있다.

7. 분쟁의 조정

(1) 분쟁조정위원회는 다음의 어느 하나의 사항을 포함하여 조정안을 작성할 수 있다.
   ① 조사 대상 침해행위의 중지
   ② 원상회복, 손해배상, 그 밖에 필요한 구제조치
   ③ 같거나 비슷한 침해의 재발을 방지하기 위하여 필요한 조치

(2) 분쟁조정위원회는 (1)에 따라 조정안을 작성하면 지체 없이 각 당사자에게 제시하여야 한다.

(3) 조정안을 제시받은 당사자가 제시받은 날부터 **15일 이내**에 수락 여부를 알리지 아니하면 조정을 수락한 것으로 본다.

(4) 조정의 내용은 재판상 화해와 동일한 효력을 갖는다.

8. 조정의 거부 및 중지

(1) 분쟁조정위원회는 분쟁의 성질상 조정이 적합하지 아니하다고 인정하거나 부정한 목적으로 조정이 신청되었다고 인정하는 경우 조정을 거부할 수 있다. 이 경우 조정거부의 사유 등을 신청인에게 알려야 한다.

(2) 분쟁조정위원회는 신청된 조정사건에 대한 처리절차를 진행하던 중에 한 쪽 당사자가 소를 제기하면 그 조정의 처리를 중지하고 이를 당사자에게 알려야 한다.

22 집단분쟁조정(제49조) 2024 기출

1. 집단분쟁조정의 신청

국가 및 지방자치단체, 개인정보 보호단체 및 기관, 정보주체, 개인정보처리자는 정보주체의 피해 또는 권리침해가 다수의 정보주체에게 같거나 비슷한 유형으로 발생하는 경우로서 대통령령으로 정하는 사건에 대하여는 분쟁조정위원회에 일괄적인 분쟁조정을 의뢰 또는 신청할 수 있다.

2. "대통령령으로 정하는 사건"이란 다음의 요건을 모두 갖춘 사건을 말한다.

(1) 피해 또는 권리침해를 입은 정보주체의 수가 50명 이상일 것
(2) 사건의 중요한 쟁점이 사실상 또는 법률상 공통될 것

3. 공고

집단분쟁조정을 의뢰받거나 신청받은 분쟁조정위원회는 그 의결로써 집단분쟁조정의 절차를 개시할 수 있다. 이 경우 분쟁조정위원회는 대통령령으로 정하는 기간(14일) 동안 그 절차의 개시를 공고하여야 한다.

4. 대표당사자

분쟁조정위원회는 집단분쟁조정의 당사자 중에서 공동의 이익을 대표하기에 가장 적합한 1인 또는 수인을 대표당사자로 선임할 수 있다.

5. 보상계획서

분쟁조정위원회는 개인정보처리자가 분쟁조정위원회의 집단분쟁조정의 내용을 수락한 경우에는 집단분쟁조정의 당사자가 아닌 자로서 피해를 입은 정보주체에 대한 보상계획서를 작성하여 분쟁조정위원회에 제출하도록 권고할 수 있다.

6. 조정 중 소 제기

분쟁조정위원회는 집단분쟁조정의 당사자인 다수의 정보주체 중 일부의 정보주체가 법원에 소를 제기한 경우에는 그 절차를 중지하지 아니하고, 소를 제기한 일부의 정보주체를 그 절차에서 제외한다.

7. 조정기간

집단분쟁조정의 기간은 공고가 종료된 날의 다음 날부터 **60일 이내**로 한다. 다만, 부득이한 사정이 있는 경우에는 분쟁조정위원회의 의결로 처리기간을 연장할 수 있다.

8. 조정절차(제50조)

분쟁조정위원회의 운영 및 분쟁조정 절차에 관하여 이 법에서 규정하지 아니한 사항에 대하여는 「민사조정법」을 준용한다.

23 단체소송(제51조)

1. 단체소송의 제기

개인정보처리자가 제49조에 따른 집단분쟁조정을 거부하거나 집단분쟁조정의 결과를 수락하지 아니한 경우에는 법원에 권리침해 행위의 금지·중지를 구하는 소송을 제기할 수 있다(<u>집단분쟁조정 필요적 전치주의</u>).

2. 소송주체인 단체

(1) 「소비자기본법」 제29조에 따라 공정거래위원회에 등록한 소비자단체로서 다음의 요건을 모두 갖춘 단체

　① 정관에 따라 상시적으로 정보주체의 권익증진을 주된 목적으로 하는 단체일 것
　② 단체의 정회원수가 1천 명 이상일 것
　③ 「소비자기본법」 제29조에 따른 등록 후 3년이 경과하였을 것

(2) 「비영리민간단체 지원법」 제2조에 따른 비영리민간단체로서 다음 요건을 모두 갖춘 단체
  ① 법률상 또는 사실상 동일한 침해를 입은 100명 이상의 정보주체로부터 단체소송의 제기를 요청받을 것
  ② 정관에 개인정보 보호를 단체의 목적으로 명시한 후 최근 3년 이상 이를 위한 활동실적이 있을 것
  ③ 단체의 상시 구성원수가 5천명 이상일 것
  ④ 중앙행정기관에 등록되어 있을 것

24 개인정보자기결정권 2021 기출

1. 의의

개인정보자기결정권은 자신에 관한 정보가 언제 누구에게 어느 범위까지 알려지고 또 이용되도록 할 것인지를 정보주체가 스스로 결정할 수 있는 권리이다. 개인정보자기결정권은 인간의 존엄과 가치, 행복추구권을 규정한 「헌법」 제10조 제1문에서 도출되는 일반적 인격권 및 「헌법」 제17조의 사생활의 비밀과 자유에 의하여 보장되는 독립한 기본권이다.

2. 법적 근거

(1) 「헌법」
  ① 제10조: 모든 국민은 인간으로서의 존엄과 가치를 가지며, 행복을 추구할 권리를 가진다. 국가는 개인이 가지는 불가침의 기본적 인권을 확인하고 이를 보장할 의무를 진다.
  ② 제17조: 모든 국민은 사생활의 비밀과 자유를 침해받지 아니한다.

(2) 「개인정보 보호법」 제4조(정보주체의 권리), 제15조(개인정보의 수집이용), 제17조(개인정보의 제공), 제18조(개인정보의 목적 외 이용·제공 제한)

(3) 「주민등록법」 제7조의4(주민등록번호의 변경)

행정사
이상기 행정절차론

PART

04

행정조사기본법

PART 04 행정조사기본법

체계 및 기출분석

I 제1장 총칙
제2조 행정조사 의의
제3조 적용범위
제4조 행정조사 기본원칙 2013, 2019, 2025 기출

II 제2장 계획수립, 조사대상 선정
제7조 조사의 주기–수시조사 2022 기출
제8조 조사대상의 선정 ★★★

III 제3장 조사방법
제9조 출석, 진술거부권
제10조 보고요구, 자료제출 요구
제11조 현장조사
제12조 시료채취
제13조 자료 등의 영치
제14조 공동조사 ★★★
제15조 중복조사 2022 기출

IV 제4장 조사실시
제17조 사전통지 2015 기출
제18조 연기신청 2015 기출
제22조 제3자에 대한 교체신청
제23조 조사권 행사의 제한

V 제5장 자율관리체계
제25조 자율신고제도 2024 기출
제26조 자율관리체계구축 2024 기출

VI 제6장 보칙
위법한 행정조사에 기초한 행정행위의 효력 2019, 2025 기출
행정조사의 법적 한계

01 법 적용범위(제3조)

1. 적용범위

행정조사에 관하여 다른 법률에 특별한 규정이 있는 경우를 제외하고는 이 법으로 정하는 바에 따른다.

2. 적용제외

(1) 행정조사를 한다는 사실이나 조사내용이 공개될 경우 국가의 존립을 위태롭게 하거나 국가의 중대한 이익을 현저히 해칠 우려가 있는 국가안전보장·통일 및 외교에 관한 사항

(2) **국방 및 안전에 관한 사항 중 다음의 어느 하나에 해당하는 사항**
  ① 군사시설·군사기밀보호 또는 방위사업에 관한 사항
  ② 「병역법」·「예비군법」·「민방위기본법」·「비상대비에 관한 법률」·「재난관리자원의 관리 등에 관한 법률」에 따른 징집·소집·동원 및 훈련에 관한 사항

(3) 「공공기관의 정보공개에 관한 법률」 제4조 제3항의 정보에 관한 사항

(4) 「근로기준법」에 따른 근로감독관의 직무에 관한 사항

(5) 조세·형사·행형 및 보안처분에 관한 사항

(6) 금융감독기관의 감독·검사·조사 및 감리에 관한 사항

(7) 「독점규제 및 공정거래에 관한 법률」, 「표시·광고의 공정화에 관한 법률」, 「하도급거래 공정화에 관한 법률」, 「가맹사업거래의 공정화에 관한 법률」, 「방문판매 등에 관한 법률」, 「전자상거래 등에서의 소비자보호에 관한 법률」, 「약관의 규제에 관한 법률」 및 「할부거래에 관한 법률」에 따른 공정거래위원회의 법률위반행위 조사에 관한 사항

3. 법 적용원칙

「행정조사기본법」 적용제외 규정에도 불구하고 제4조(행정조사의 기본원칙), 제5조(행정조사의 근거) 및 제28조(정보통신수단을 통한 행정조사)는 제2항 각 호의 사항에 대하여 적용한다.

02 행정조사의 기본원칙(제4조)

1. 의의

"행정조사"란 행정기관이 정책을 결정하거나 직무를 수행하는 데 필요한 정보나 자료를 수집하는 활동을 말한다.

2. 기본원칙 [남, 선, 공, 법, 비. 타] 2013, 2019, 2025 기출

(1) 행정조사는 조사 목적을 달성하는 데 필요한 최소한의 범위 안에서 실시하여야 하며, 다른 목적 등을 위하여 조사권을 **남**용하여서는 아니 된다.

(2) 행정기관은 조사 목적에 적합하도록 조사대상자를 **선**정하여 행정조사를 실시하여야 한다.

(3) 행정기관은 유사하거나 동일한 사안에 대하여는 **공**동조사 등을 실시함으로써 행정조사가 중복되지 아니하도록 하여야 한다.

(4) 행정조사는 법령 등의 위반에 대한 처벌보다는 **법**령 등을 준수하도록 유도하는 데 중점을 두어야 한다.

(5) 다른 법률에 따르지 아니하고는 행정조사의 대상자 또는 행정조사의 내용을 공표하거나 직무상 알게 된 **비**밀을 누설하여서는 아니 된다.

(6) 행정기관은 행정조사를 통하여 알게 된 정보를 다른 법률에 따라 내부에서 이용하거나 다른 기관에 제공하는 경우를 제외하고는 원래의 조사 목적 이외의 용도로 이용하거나 **타**인에게 제공하여서는 아니 된다.

3. 행정조사의 근거

행정기관은 법령 등에서 행정조사를 규정하고 있는 경우에 한하여 행정조사를 실시할 수 있다. 다만, 조사대상자의 자발적인 협조를 얻어 실시하는 행정조사의 경우에는 그러하지 아니하다.

03 조사의 주기 및 조사 대상의 선정(제7조, 제8조) 2022 기출

1. 조사의 주기

행정조사는 법령 등 또는 행정조사 운영계획(행정기관장 매년 12월 말까지 계획수립, 국무조정실장 제출)으로 정하는 바에 따라 정기적으로 실시함을 원칙으로 한다. 다만, 다음 중 어느 하나에 해당하는 경우에는 수시조사를 할 수 있다.

(1) 법률에서 수시조사를 규정하고 있는 경우
(2) 법령 등의 위반에 대하여 혐의가 있는 경우
(3) 다른 행정기관으로부터 법령 등의 위반에 관한 혐의를 통보 또는 이첩 받은 경우
(4) 법령 등의 위반에 대한 신고를 받거나 민원이 접수된 경우
(5) 그 밖에 행정조사의 필요성이 인정되는 사항으로서 대통령령으로 정하는 경우

2. 조사대상의 선정

(1) 행정기관의 장은 행정조사의 목적, 법령준수의 실적, 자율적인 준수를 위한 노력, 규모와 업종 등을 고려하여 명백하고 객관적인 기준에 따라 행정조사의 대상을 선정하여야 한다.

(2) 행정기관의 장이 위 (1)에 따라 열람신청을 받은 때에는 다음의 어느 하나에 해당하는 경우를 제외하고 신청인이 조사대상 선정기준을 열람할 수 있도록 하여야 한다.
  ① 행정기관이 당해 행정조사업무를 수행할 수 없을 정도로 조사활동에 지장을 초래하는 경우
  ② 내부고발자 등 제3자에 대한 보호가 필요한 경우

04 조사방법 2020 기출

1. 출석·진술 요구(제9조)

행정기관의 장이 조사대상자의 출석·진술을 요구하는 때에는 ① 일시와 장소, ② 출석요구의 취지, ③ 출석하여 진술하여야 하는 내용, ④ 제출자료, ⑤ 출석거부에 대한 제재(근거 법령 및 조항 포함), ⑥ 그 밖에 당해 행정조사와 관련하여 필요한 사항이 기재된 출석요구서를 발송하여야 하고, 조사대상자는 지정된 출석일시에 출석하는 경우 출석일시를 변경할 수 있다.

2. 보고요구와 자료제출의 요구(제10조)

행정기관의 장은 조사대상자에게 조사사항에 대하여 보고요구서, 자료제출요구서를 조사개시 7일 전까지 발송하여야 한다.

3. 현장조사(제11조) 2018 기출

(1) 현장출입조사서 발송

조사원이 가택·사무실 또는 사업장 등에 출입하여 현장조사를 실시하는 경우에는 행정기관의 장은 현장출입조사서를 조사개시 7일 전까지 조사대상자에게 발송하여야 한다.

(2) 증표의 제시

현장조사를 하는 조사원은 그 권한을 나타내는 증표를 지니고 이를 조사대상자에게 내보여야 한다.

(3) 현장조사의 제한

현장조사는 해가 뜨기 전이나 해가 진 뒤에는 할 수 없다. 다만, 다음의 어느 하나에 해당하는 경우에는 그러하지 아니하다.
① 조사대상자(대리인 및 관리책임이 있는 자를 포함한다)가 동의한 경우
② 사무실 또는 사업장 등의 업무시간에 행정조사를 실시하는 경우
③ 해가 뜬 후부터 해가 지기 전까지 행정조사를 실시하는 경우에는 조사목적의 달성이 불가능하거나 증거인멸로 인하여 조사대상자의 법령 등의 위반 여부를 확인할 수 없는 경우

4. 시료채취(제12조)

(1) 조사원이 조사목적의 달성을 위하여 시료채취를 하는 경우에는 그 시료의 소유자 및 관리자의 정상적인 경제활동을 방해하지 아니하는 범위 안에서 최소한도로 하여야 한다.

(2) 행정기관의 장은 시료채취로 조사대상자에게 손실을 입힌 때에는 대통령령으로 정하는 절차와 방법에 따라 그 손실을 보상하여야 한다.

5. 자료 등의 영치(제13조)

조사원이 현장조사 중에 자료·서류·물건 등을 영치하는 때에는 조사대상자 또는 그 대리인을 입회시켜야 한다.

05 공동조사와 중복조사의 제한(제14조, 제15조)

1. 공동조사

1) 공동조사 대상

행정기관의 장은 다음의 어느 하나에 해당하는 행정조사를 하는 경우에는 공동조사를 하여야 한다.

(1) 당해 행정기관 내의 2 이상의 부서가 동일하거나 유사한 업무분야에 대하여 동일한 조사대상자에게 행정조사를 실시하는 경우

(2) 서로 다른 행정기관이 대통령령으로 정하는 분야에 대하여 동일한 조사대상자에게 행정조사를 실시하는 경우
   ① 건설사업장의 관리에 관한 분야
   ② 유해·위험물질의 관리에 관한 분야
   ③ 식품안전에 관한 분야
   ④ 국무조정실장과 관계 행정기관 장 또는 관계 행정기관의 장 간에 협의하여 공동조사를 실시하기로 한 분야(영 제9조 제1항)

2) 공동조사 실시신청

행정조사의 사전통지를 받은 조사대상자는 관계 행정기관의 장에게 공동조사를 실시하여 줄 것을 신청할 수 있다. 이 경우 조사대상자는 신청인의 성명·조사일시·신청이유 등이 기재된 공동조사신청서를 관계 행정기관의 장에게 제출하여야 한다.

3) 공동조사를 요청받은 기관의 의무

공동조사를 요청받은 행정기관의 장은 이에 응하여야 한다.

4) 국무조정실장의 공동조사 실시 요청

국무조정실장은 행정기관의 장이 제출한 행정조사운영계획의 내용을 검토한 후 관계 부처의 장에게 공동조사의 실시를 요청할 수 있다.

2. 중복조사의 제한

(1) 재조사 금지

정기조사 또는 수시조사를 실시한 행정기관의 장은 동일한 사안에 대하여 동일한 조사대상자를 재조사하여서는 아니 된다. 다만, 당해 행정기관이 이미 조사를 받은 조사대상자에 대하여 위법행위가 의심되는 새로운 증거를 확보한 경우에는 그러하지 아니하다.

(2) 동일 또는 유사사안 조사실시 여부 확인

행정조사를 실시할 행정기관의 장은 행정조사를 실시하기 전에 다른 행정기관에서 동일한 조사대상자에게 동일하거나 유사한 사안에 대하여 행정조사를 실시하였는지 여부를 확인할 수 있다.

(3) 관련자료 제공

행정조사를 실시할 행정기관의 장이 위 (2)에 따른 사실을 확인하기 위하여 행정조사의 결과에 대한 자료를 요청하는 경우 요청받은 행정기관의 장은 특별한 사유가 없는 한 관련 자료를 제공하여야 한다.

06 조사의 사전통지 및 의견제출 (제17조, 제21조)

1. 조사의 사전통지 2015 기출

행정조사를 실시하고자 하는 행정기관의 장은 출석요구서, 보고요구서·자료제출요구서 및 현장출입조사서를 조사개시 7일 전까지 조사대상자에게 서면으로 통지하여야 한다. 다만, 다음의 어느 하나에 해당하는 경우에는 행정조사의 개시와 동시에 출석요구서 등을 조사대상자에게 제시하거나 행정조사의 목적 등을 조사대상자에게 구두로 통지할 수 있다.

(1) 행정조사를 실시하기 전에 관련 사항을 미리 통지하는 때에는 증거인멸 등으로 행정조사의 목적을 달성할 수 없다고 판단되는 경우

(2) 「통계법」에 따른 지정통계의 작성을 위하여 조사하는 경우

(3) 조사대상자의 자발적인 협조를 얻어 실시하는 행정조사의 경우

2. 의견제출

(1) 조사대상자는 사전통지의 내용에 대하여 행정기관의 장에게 의견을 제출할 수 있다.

(2) 행정기관의 장은 조사대상자가 제출한 의견이 상당한 이유가 있다고 인정하는 경우에는 이를 행정조사에 반영하여야 한다.

07 제3자에 대한 보충조사(제19조)

1. 의의

행정기관의 장은 조사대상자에 대한 조사만으로는 당해 행정조사의 목적을 달성할 수 없거나 조사대상이 되는 행위에 대한 사실 여부 등을 입증하는 데 과도한 비용 등이 소요되는 경우에 제3자에 대하여 보충조사를 할 수 있다.

2. 보충조사의 요건

(1) 다른 법률에서 제3자에 대한 조사를 허용하고 있는 경우
(2) 제3자의 동의가 있는 경우

3. 절차

(1) **서면통지**

행정기관의 장이 제3자에 대한 보충조사를 실시하는 경우에는 조사개시 7일 전까지 보충조사의 일시·장소 및 보충조사의 취지 등을 제3자에게 서면으로 통지하여야 한다.

(2) **조사대상자 통지**

행정기관의 장은 제3자에 대한 보충조사를 하기 전에 그 사실을 원래의 조사대상자에게 통지하여야 한다. 다만, 제3자에 대한 보충조사를 사전에 통지하여서는 조사목적을 달성할 수 없거나 조사목적의 달성이 현저히 곤란한 경우에는 제3자에 대한 조사결과를 확정하기 전에 그 사실을 통지하여야 한다.

(3) **의견제출**

원래의 조사대상자는 통지에 대하여 의견을 제출할 수 있다.

08 조사원 교체신청, 조사권 행사의 제한(제22조, 제23조)

1. 조사원 교체신청

(1) **교체신청**

조사대상자는 조사원에게 공정한 행정조사를 기대하기 어려운 사정이 있다고 판단되는 경우에는 행정기관의 장에게 당해 조사원의 교체를 신청할 수 있다.

(2) 절차

① 교체신청은 그 이유를 명시한 서면으로 행정기관의 장에게 하여야 한다.
② 교체신청을 받은 행정기관의 장은 즉시 이를 심사하여야 한다.
③ 행정기관의 장은 교체신청이 타당하다고 인정되는 경우에는 다른 조사원으로 하여금 행정조사를 하게 하여야 한다.
④ 행정기관의 장은 교체신청이 조사를 지연할 목적으로 한 것이거나 그 밖에 교체신청에 타당한 이유가 없다고 인정되는 때에는 그 신청을 기각하고 그 취지를 신청인에게 통지하여야 한다.

2. 조사권 행사의 제한

(1) 추가조사

조사원은 사전에 발송된 사항에 한하여 조사대상자를 조사하되, 사전통지한 사항과 관련된 추가적인 행정조사가 필요할 경우에는 조사대상자에게 추가조사의 필요성과 조사내용 등에 관한 사항을 서면이나 구두로 통보한 후 추가조사를 실시할 수 있다.

(2) 절차

① 조사대상자는 법률·회계 등에 대하여 전문지식이 있는 관계 전문가로 하여금 행정조사를 받는 과정에 입회하게 하거나 의견을 진술하게 할 수 있다.
② 조사대상자와 조사원은 조사과정을 방해하지 아니하는 범위 안에서 행정조사의 과정을 녹음하거나 녹화할 수 있다. 이 경우 녹음·녹화의 범위 등은 상호 협의하여 정하여야 한다.
③ 조사대상자와 조사원이 녹음이나 녹화를 하는 경우에는 사전에 이를 당해 행정기관의 장에게 통지하여야 한다.

09 자율신고제도(제25조), 자율관리체제의 구축(제26조) 2024 기출

1. 자율신고제도

(1) 행정기관의 장은 법령 등에서 규정하고 있는 조사사항을 조사대상자로 하여금 스스로 신고하도록 하는 제도를 운영할 수 있다.

(2) 행정기관의 장은 조사대상자가 신고한 내용이 거짓의 신고라고 인정할 만한 근거가 있거나 신고내용을 신뢰할 수 없는 경우를 제외하고는 그 신고내용을 행정조사에 갈음할 수 있다.

2. 자율관리체제의 구축

(1) 기준고시

행정기관의 장은 조사대상자가 자율적으로 행정조사사항을 신고·관리하고, 스스로 법령준수사항을 통제하도록 하는 체제(이하 "자율관리체제"라 한다)의 기준을 마련하여 고시할 수 있다.

(2) 자율관리체제 구축·신고

다음의 어느 하나에 해당하는 자는 위 (1)에 따른 기준에 따라 자율관리체제를 구축하여 대통령령으로 정하는 절차와 방법에 따라 행정기관의 장에게 신고할 수 있다.
① 조사대상자
② 조사대상자가 법령 등에 따라 설립하거나 자율적으로 설립한 단체 또는 협회

(3) 자율관리체제 구축의 지원

국가와 지방자치단체는 행정사무의 효율적인 집행과 법령 등의 준수를 위하여 조사대상자의 자율관리체제 구축을 지원하여야 한다.

3. 자율관리에 대한 혜택 부여(제27조)

행정기관의 장은 자율신고를 하는 자와 자율관리체제를 구축하고 자율관리체제의 기준을 준수한 자에 대하여는 법령 등으로 규정한 바에 따라 행정조사의 감면 또는 행정·세제상의 지원을 하는 등 필요한 혜택을 부여할 수 있다.

10 적법한 행정조사에 대한 구제[손실보상(법 제12조, 영 제7조)]

(1) 조사원이 조사목적의 달성을 위하여 시료채취를 하는 경우에는 그 시료의 소유자 및 관리자의 정상적인 경제활동을 방해하지 아니하는 범위 안에서 최소한도로 하여야 한다.

(2) 행정기관의 장은 시료채취로 조사대상자에게 손실을 입힌 때에는 대통령령으로 정하는 절차와 방법에 따라 그 손실을 보상하여야 한다.

(3) 행정기관의 장은 시료채취로 발생한 손실을 시료채취 당시의 시장가격으로 보상하여야 하며, 시료를 채취할 때에 조사대상자에게 손실보상 청구에 관한 정보를 알려 주어야 한다.

11 위법한 행정조사에 대한 구제

1. 행정쟁송

위법한 행정조사가 권력적 사실행위에 해당하여 처분성이 인정되면 대상적격을 인정받아 행정쟁송의 대상이 될 수 있다. 다만, 대부분의 행정조사는 단기간에 종료되는 특성이 있으므로 소의 이익(주관적 권리보호이익)이 없는 경우(주관적 권리보호이익)가 대부분으로 행정쟁송이 적합하지 않은 경우가 많다.

2. 헌법소원

(1) 헌법재판소에 의한 헌법소원은 법원의 행정소송과는 달리, 개인의 주관적 권리보호이익이 없더라도 침해의 반복방지 등 객관적 권리보호이익이 인정되는 경우에는 그에 대한 본안판단을 하게 되므로 헌법소원을 청구하여 그 구제를 모색할 수 있다.

(2) **적법 요건에 관한 검토**
  ① **공권력 행사성**: 이 사건 각 출정제한행위는 교도소장이 우월적 지위에서 수형자인 청구인의 출정을 제한한 것으로서 일종의 권력적 사실행위에 해당하므로 공권력 행사성이 인정된다.
  ② **보충성**: 헌법소원은 다른 법률에 구제절차가 있는 경우에는 그 절차를 모두 거친 후에 심판청구를 하여야 하는 바(「헌법재판소법」 제68조 제1항 단서), 이 사건 각 출정제한행위는 권력적 사실행위로서 행정소송의 대상이 된다고 단정하기 어렵고, 행정소송의 대상이 된다고 하더라도 이미 종료된 행위로서 소의 이익이 부정되어 각하될 가능성이 많으므로, 청구인에게 그에 의한 권리구제절차를 밟을 것을 기대하기는 곤란하다. 따라서 이에 대한 헌법소원은 보충성 원칙의 예외로서 적법하다고 할 것이다(2010헌마475).

3. 국가배상

행정조사가 공무원의 직무상 불법행위에 해당하면 그로 인해 피해를 입은 자는 국가배상을 청구할 수 있다.

12 위법한 행정조사에 터 잡은 행정행위의 효력 2019, 2025 기출

1. 행정행위의 효력

행정조사는 후행 행정행위의 전제조건이 아니라 별개의 제도로 작용하는 것이므로 원칙적으로 행정조사의 하자가 승계되는 것은 아니어서 행정조사의 위법성이 곧 행정행위를 위법하게 하는 것은 아니나 행정과정상 수집한 정보나 자료 등이 부당한 경우, 그곳에 터잡은 행정행위 역시 위법하게 된다.

2. 관련판례

(1) 부가세부과처분취소

납세자에 대한 부가가치세 부과처분이, 종전의 부가가치세 경정조사와 같은 세목 및 같은 과세기간에 대하여 중복하여 실시된 위법한 세무조사에 기초하여 이루어진 것이어서 위법하다(대판 2004두12070).

(2) 부당이득금

과세관청 내지 그 상급관청이나 수사기관의 일방적이고 억압적인 강요로 작성자의 자유로운 의사에 반하여 별다른 합리적이고 타당한 근거도 없이 작성된 것이라면 이러한 자료들은 그 작성경위에 비추어 내용이 진정한 과세자료라고 볼 수 없으므로, 이러한 과세자료에 터잡은 과세처분의 하자는 중대한 하자임은 물론 위와 같은 과세자료의 성립과정에 직접 관여하여 그 경위를 잘 아는 과세관청에 대한 관계에 있어서 객관적으로 명백한 하자라고 할 것이다[대판(전합체) 91다32053].

(3) 자동차운전면허취소처분취소

음주운전 여부에 대한 조사 과정에서 운전자 본인의 동의를 받지 아니하고 또한 법원의 영장도 없이 채혈조사를 한 결과를 근거로 한 운전면허 정지·취소 처분은 「도로교통법」 제44조 제3항을 위반한 것으로서 특별한 사정이 없는 한 위법한 처분으로 볼 수밖에 없다(대판 2014두46850).

(4) 증여세등 부과처분취소

세무조사가 과세자료의 수집 또는 신고내용의 정확성 검증이라는 본연의 목적이 아니라 부정한 목적을 위하여 행하여진 것이라면 이는 세무조사에 중대한 위법사유가 있는 경우에 해당하고 이러한 세무조사에 의하여 수집된 과세자료를 기초로 한 과세처분 역시 위법하다(대판 2016두47659).

(5) **마약류관리에관한법률위반**

우편물 통관검사절차에서 이루어지는 우편물의 개봉, 시료채취, 성분분석 등의 검사는 수출입물품에 대한 적정한 통관 등을 목적으로 한 행정조사의 성격을 가지는 것으로서 수사기관의 강제처분이라고 할 수 없으므로, 압수·수색영장 없이 우편물의 개봉, 시료채취, 성분분석 등 검사가 진행되었다 하더라도 특별한 사정이 없는 한 위법하다고 볼 수 없다(대판 2013두7718).

3. 검토

행정조사는 후행 행정행위의 전제조건이 아니라 별개의 제도로 작용하는 것으로 원칙적으로 행정조사의 하자가 승계되는 것은 아니어서 행정조사의 위법성이 곧 행정행위를 위법하게 하는 것은 아니라고 하더라도 "행정조사에 중대한 위법사유가 있으면 곧 행정행위도 위법하다는 승계긍정설"과 관련판례의 판시내용에 따라서 행정조사의 위법성이 행정행위에도 승계되어 행정행위 역시 위법하게 되는 것으로 보아야 하므로 행정조사의 하자가 중대하고 명백한 경우 그로 인한 행정행위의 효력은 발생하지 않는다고 보는 것이 타당할 것이다.

MEMO

행정사
이상기 행정절차론

PART

05

행정규제기본법

PART 05 행정규제기본법

체계 및 기출분석

Ⅰ 제1장 총칙
제2조 정의(행정규제)
제4조 규제 법정주의 2013, 2025 기출
제5조 규제의 원칙 2022, 2025 기출
제5조의2 우선허용·사후규제 원칙 2025 기출

Ⅱ 제2장 규제의 신설·강화에 대한 원칙과 심사
제7조 규제영향분석 및 자체심사 2017 기출
제8조 규제의 존속기한 및 재검토기한 명시(규제일몰제)
제8조의2 규제의 재검토
제8조의3 소상공인 등에 대한 규제 형평
제9조 의견 수렴
제10조 심사 요청
제11조 예비심사
제12조 심사
제13조 긴급한 규제의 신설·강화 심사
제14조 개선 권고
제15조 재심사

Ⅲ 제3장 기존규제의 정비
제17조 규제 정비의 요청
제17조의2 다른 행정기관 소관의 규제에 관한 의견 제출
제18조 기존규제의 심사
제19조 기존규제의 자체정비
제19조의2 기존규제의 존속기한 및 재검토기한 명시
제19조의3 신기술 서비스·제품 관련 규제의 정비 및 특례
제19조의4 신산업 규제정비 기본계획의 수립 및 시행
제20조 규제정비 종합계획의 수립

Ⅳ 제4장 규제개혁위원회 2019 기출
제23조 설치
제24조 기능 2022 기출
제25조 구성 등
제26조 의결 정족수
제26조의2 회의록의 작성·공개
제27조 위원의 신분보장
제28조 분과위원회
제29조 전문위원 등
제30조 조사 및 의견청취 등

01 행정규제, 규제법정주의(제2조, 제4조) 2013, 2025 기출

1. 행정규제

국가나 지방자치단체가 특정한 행정 목적을 실현하기 위하여 국민(국내법을 적용받는 외국인을 포함한다)의 권리를 제한하거나 의무를 부과하는 것으로서 법령 등이나 조례·규칙에 규정되는 사항을 말한다.

2. 규제법정주의

(1) 규제는 법률에 근거하여야 하며, 그 내용은 알기 쉬운 용어로 구체적이고 명확하게 규정되어야 한다.

(2) 규제는 법률에 직접 규정하되, 규제의 세부적인 내용은 법률 또는 상위법령에서 구체적으로 범위를 정하여 위임한 바에 따라 대통령령·총리령·부령 또는 조례·규칙으로 정할 수 있다. 다만, 법령에서 전문적·기술적 사항이나 경미한 사항으로서 업무의 성질상 위임이 불가피한 사항에 관하여 구체적으로 범위를 정하여 위임한 경우에는 고시 등으로 정할 수 있다.

(3) 행정기관은 법률에 근거하지 아니한 규제로 국민의 권리를 제한하거나 의무를 부과할 수 없다.

02 규제원칙, 우선허용·사후규제원칙(제5조, 제5조의2) 2025 기출

1. 규제원칙

(1) 국가나 지방자치단체는 국민의 자유와 창의를 존중하여야 하며, 규제를 정하는 경우에도 그 본질적 내용을 침해하지 아니하도록 하여야 한다.

(2) 국가나 지방자치단체가 규제를 정할 때에는 국민의 생명·인권·보건 및 환경 등의 보호와 식품·의약품의 안전을 위한 실효성 있는 규제가 되도록 하여야 한다.

(3) 규제의 대상과 수단은 규제의 목적 실현에 필요한 최소한의 범위에서 가장 효과적인 방법으로 객관성·투명성 및 공정성이 확보되도록 설정되어야 한다.

2. 우선허용·사후규제원칙

(1) 네거티브 리스트

규제로 인하여 제한되는 권리나 부과되는 의무는 한정적으로 열거하고 그 밖의 사항은 원칙적으로 허용하는 규정 방식

(2) 포괄적 개념(정의)

서비스와 제품의 인정 요건·개념 등을 장래의 신기술 발전에 따른 새로운 서비스와 제품도 포섭될 수 있도록 하는 규정 방식

(3) 유연한 분류체계

서비스와 제품에 관한 분류기준을 장래의 신기술 발전에 따른 서비스와 제품도 포섭될 수 있도록 유연하게 정하는 규정 방식

(4) 규제샌드박스

신기술 서비스·제품과 관련하여 출시 전에 권리를 제한하거나 의무를 부과하지 아니하고 필요에 따라 출시 후에 권리를 제한하거나 의무를 부과하는 규정 방식

03 규제샌드박스

1. 개념

(1) 규제샌드박스는 사업자가 신기술을 활용한 새로운 제품과 서비스를 일정 조건(기간·장소·규모)하에서 시장에 우선 출시해 시험·검증할 수 있도록 현행 규제의 전부나 일부를 적용하지 않는 것을 말하며 그 과정에서 수집된 데이터를 토대로 합리적으로 규제를 개선하는 제도를 말한다.

(2) 규제샌드박스는 2016년 영국 정부가 처음으로 도입해 현재 우리나라를 비롯한 60여 개국에서 운영 중인 제도로서 아이들이 모래놀이터(sandbox)에서 안전하게 뛰어놀 수 있는 것처럼 시장에서의 제한적 실증을 통해 신기술을 촉진하는 동시에 이 기술로 인한 안전성 문제 등을 미리 검증하는 것을 목적으로 하고 있다.

2. 운영

(1) 우리나라의 규제샌드박스는 영국 등 먼저 제도를 시행한 국가의 모델을 더욱 발전시키고 확대하여 운영하고 있다.

(2) 다른 국가의 규제샌드박스는 '실증특례' 방식(접수된 과제에 대해 법률검토, 전문가 컨설팅 등을 제공하는 것으로 실증특례서 작성에서부터 관계부처 협의 및 심의 통과까지 전 과정을 지원하는 제도)으로 운영하는 데 비해 우리나라는 기업의 편의성을 높이기 위해 즉시 시장에 출시할 수 있는 '임시허가', 규제유무를 부처가 확인하여 기업에게 알려주는 '신속확인'도 추가하여 운영하고 있다.

(3) 다른 국가는 주로 금융분야만을 중심으로 운영하고 있으나, 우리는 금융은 물론 실물경제 분야(ICT, 산업 등)도 함께 운영하고 있다.

(4) 민간 지원기구인 '대한상공회의소 규제샌드박스 지원센터'를 설치·운영해 제도 활용의 문턱을 낮추었다.

04 규제영향분석 및 자체심사(제7조) 2017 기출

1. 규제영향분석

중앙행정기관의 장은 규제를 신설하거나 강화(규제의 존속기한 연장을 포함)하려면 ① **필**요성, ② 기존규제와의 **중복** 여부, ③ 비용과 편익의 **비**교분석, ④ **중**소기업에 미치는 영향, ⑤ 규제 내용의 **객**관성과 **명**료성, ⑥ 규제의 존속**기**한·재검토 기한의 설정 **근**거 또는 미설정 사유, ⑦ 규제신설 또는 강화에 따른 행정기구 **인**력 및 **예**산 등을 종합적으로 고려하여 규제영향분석을 하고 규제영향분석서를 작성하여야 한다.

2. 규제영향분석서의 공표 등

중앙행정기관의 장은 규제영향분석서를 입법예고 기간 동안 국민에게 공표하여야 하고, 제출된 의견을 검토하여 규제영향분석서를 보완하며, 의견을 제출한 자에게 제출된 의견의 처리 결과를 알려야 한다.

3. 자체심사

중앙행정기관의 장은 규제영향분석의 결과를 기초로 규제의 대상·범위·방법 등을 정하고 그 타당성에 대하여 자체심사를 하여야 한다.

05 규제일몰제

1. 개념

규제일몰제는 새로 신설되거나 강화되는 모든 규제에 존속기한을 설정하고, 기한이 끝나면 자동적으로 규제가 폐기되는 제도이다. 규제가 만들어질 당시와 비교해 사회경제적인 상황이 변해 규제의 타당성이 없어졌는데도 불구하고 규제가 지속돼 부작용만 양산되는 것을 방지하기 위한 것이다.

2. 규제의 존속기한 및 재검토기한 명시(제8조)

(1) 규정 및 기간

① 중앙행정기관의 장은 규제를 신설하거나 강화하려는 경우에 존속시켜야 할 명백한 사유가 없는 규제는 존속기한 또는 재검토[불필요한 규제가 늘어나는 것을 막기 위해 규제시행 후 효과 분석 등을 통해 당초 입법 목적을 달성하고 있는지, 기술발전이나 환경변화에 맞는 규제인지 등을 일정기간(통상 3년)마다 재심사해 정비하는 것]기한을 설정하여 그 법령 등에 규정하여야 한다.

② 규제의 존속기한 또는 재검토기한은 규제의 목적을 달성하기 위하여 필요한 최소한의 기간 내에서 설정되어야 하며, 그 기간은 원칙적으로 5년을 초과할 수 없다.

(2) 절차

① **심사요청**: 중앙행정기관의 장은 규제의 존속기한 또는 재검토기한을 연장할 필요가 있을 때에는 그 규제의 존속기한 또는 재검토기한의 6개월 전까지 심사요청에 따라 규제개혁위원회에 심사를 요청하여야 한다.

② **국회제출**: 중앙행정기관의 장은 법률에 규정된 규제의 존속기한 또는 재검토기한을 연장할 필요가 있을 때에는 그 규제의 존속기한 또는 재검토기한의 3개월 전까지 규제의 존속기한 또는 재검토기한 연장을 내용으로 하는 개정안을 국회에 제출하여야 한다.

③ **위원회 권고**: 위원회는 심사 시 필요하다고 인정하면 관계 중앙행정기관의 장에게 그 규제의 존속기한 또는 재검토기한을 설정할 것을 권고할 수 있다.

◆ 규제개혁위원회의 심사(심사 요청을 받은 날부터 ~)

제11조(예비심사)

제1항 심사를 요청받은 날부터 **10일 이내**에 그 규제가 국민의 일상생활과 사회·경제활동에 미치는 파급 효과 고려, **제12조에 따른 심사를 받아야 할 규제(중요규제)인지 결정**하여야 한다.
제2항 제1항에 따라 위원회가 **중요규제가 아니라고 결정한 규제는** 위원회의 **심사를 받은 것으로 본다.**
제3항 제1항에 따라 결정을 하였을 때에는 지체 없이 그 **결과를** 관계 **중앙행정기관의 장에게 통보**하여야 한다.

제12조(심사)

제1항 위원회는 제11조 제1항에 따라 중요규제라고 결정한 규제는 **심사요청을 받은 날부터 45일 이내**에 심사를 끝내야 한다. 다만, 심사기간의 연장이 불가피한 경우에는 위원회의 결정으로 **15일 범위 내 한 차례 연장**할 수 있다.
제2항 위원회는 관계 중앙행정기관의 자체심사가 신뢰할 수 있는 자료와 근거에 의하여 적절한 절차에 따라 적정하게 이루어졌는지 심사하여야 한다.
제3항 위원회는 제10조 제2항 각 호의 첨부서류 중 보완이 필요한 사항에 대하여는 관계 중앙행정기관의 장에게 보완할 것을 요구할 수 있다. 이 경우 보완하는 데에 걸린 기간은 제1항에 따른 심사기간에 포함하지 아니한다.

제13조(긴급한 규제의 신설·강화 심사)

제1항 중앙행정기관의 장은 긴급하게 규제를 신설하거나 강화하여야 할 특별한 사유가 있는 경우에는 **제7조, 제8조 제3항, 제9조 및 제10조의 절차를 거치지 아니하고** 위원회에 심사를 요청할 수 있다. 이 경우 그 사유를 제시하여야 한다.
제2항 위원회는 제1항에 따라 심사 요청된 **규제의 긴급성이 인정된다고 결정**하면 심사를 **요청받은 날부터 20일 이내**에 규제의 신설 또는 강화의 타당성을 심사하고 그 결과를 관계 중앙행정기관의 장에게 통보하여야 한다. 이 경우 관계 중앙행정기관의 장은 위원회의 심사 결과를 **통보받은 날부터 60일 이내**에 위원회에 **규제영향분석서를 제출**하여야 한다.
제3항 위원회는 제1항에 따라 심사 요청된 규제의 **긴급성이 인정되지 아니한다고 결정**하면 심사를 요청받은 날부터 10일 이내에 관계 중앙행정기관의 장에게 **제7조부터 제10조까지의 규정에 따른 절차를 거치도록 요구**할 수 있다.

06 규제의 신설·강화 시 예비심사(제11조)와 심사절차(제12조), 중요규제 판단기준(영 제8조의2)

1. 예비심사

(1) 위원회는 심사를 요청받은 날부터 <u>10일 이내</u>에 그 규제가 국민의 일상생활과 사회·경제활동에 미치는 파급 효과를 고려하여 심사를 받아야 할 규제(이하 "중요규제"라 한다)인지를 결정하여야 한다.

(2) 위원회가 중요규제가 아니라고 결정한 규제는 위원회의 심사를 받은 것으로 본다.

(3) 위원회는 결정을 하였을 때에는 지체 없이 그 결과를 관계 중앙행정기관의 장에게 통보하여야 한다.

2. 심사

(1) 위원회는 중요규제라고 결정한 규제에 대하여는 심사 요청을 받은 날부터 <u>45일 이내</u>에 심사를 끝내야 한다. 다만, 심사기간의 연장이 불가피한 경우에는 위원회의 결정으로 <u>15일</u>을 넘지 아니하는 범위에서 한 차례만 연장할 수 있다.

(2) 위원회는 관계 중앙행정기관의 자체심사가 신뢰할 수 있는 자료와 근거에 의하여 적절한 절차에 따라 적정하게 이루어졌는지 심사하여야 한다.

(3) 위원회는 첨부서류 중 보완이 필요한 사항에 대하여는 관계 중앙행정기관의 장에게 보완할 것을 요구할 수 있다. 이 경우 보완하는 데에 걸린 기간은 심사기간에 포함하지 아니한다.

(4) 위원회는 심사를 마쳤을 때에는 지체 없이 그 결과를 관계 중앙행정기관의 장에게 통보하여야 한다.

3. 중요규제 판단기준 [100억, 100만, 제한, 불합리, 불일치, 부작용, 평가, 논의]

(1) 규제의 시행에 따라 규제를 받는 집단과 국민이 부담하여야 할 비용이 연간 **100억 원** 이상인 규제

(2) 규제를 받는 사람의 수가 연간 **100만 명** 이상인 규제

(3) 명백하게 진입이나 경쟁이 제한적인 성격의 규제

(4) 국제기준에 비추어 규제 정도가 과도하거나 **불합리**한 규제

(5) 다른 행정기관에 의하여 시행되고 있거나 시행 예정인 규제와 심각한 **불일치** 또는 간섭을 발생시키는 규제

(6) 이해관계인 간 이견이 첨예하게 대립하거나 사회·경제적으로 상당한 **부작용**이 우려되는 규제

(7) 중소기업영향**평가**·경쟁영향**평가**·기술영향**평가**의 결과 개선이 필요한 규제

(8) 규제 수준 및 정도가 현저히 부당하여 위원회의 심도 있는 **논의**가 필요한 규제

07 긴급한 규제의 신설·강화(제13조)

1. 「행정규제기본법」상 절차 생략

중앙행정기관의 장은 긴급하게 규제를 신설하거나 강화하여야 할 특별한 사유가 있는 경우에는 제7조(규제영향분석 및 자체심사), 제8조 제3항(규제의 존속기한 및 재검토기한 명시), 제9조(의견 수렴) 및 제10조(심사 요청)의 절차를 거치지 아니하고 위원회에 심사를 요청할 수 있다. 이 경우 그 사유를 제시하여야 한다.

2. 긴급성 인정된 규제의 심사

위원회는 심사 요청된 규제의 긴급성이 인정된다고 결정하면 심사를 요청받은 날부터 <u>20일 이내</u>에 규제의 신설 또는 강화의 타당성을 심사하고 그 결과를 관계 중앙행정기관의 장에게 통보하여야 한다. 이 경우 관계 중앙행정기관의 장은 위원회의 심사 결과를 통보받은 날부터 <u>60일 이내</u>에 위원회에 규제영향분석서를 제출하여야 한다.

3. 긴급성 불인정 규제의 법 규정 절차진행

위원회는 심사 요청된 규제의 긴급성이 인정되지 아니한다고 결정하면 심사를 요청받은 날부터 10일 이내에 관계 중앙행정기관의 장에게 긴급한 규제로 생략된 「행정규제기본법」 규정에 따른 절차를 거치도록 요구할 수 있다.

08 규제의 신설·강화에 대한 심사절차(제10조 내지 제16조)

1. 심사 요청

중앙행정기관의 장은 규제를 신설하거나 강화하려면 위원회에 심사를 요청하여야 한다. 이 경우 법령안(法令案)에 대하여는 법제처장에게 법령안 심사를 요청하기 전에 하여야 한다.

2. 예비심사

위원회는 심사를 요청받은 날부터 10일 이내에 그 규제가 국민의 일상생활과 사회·경제활동에 미치는 파급 효과를 고려하여 심사를 받아야 할 규제("중요규제")인지를 결정하여야 한다.

3. 심사

위원회는 중요규제라고 결정한 규제에 대하여는 심사 요청을 받은 날부터 45일 이내에 심사를 끝내야 한다. 다만, 심사기간의 연장이 불가피한 경우에는 위원회의 결정으로 15일을 넘지 아니하는 범위에서 한 차례만 연장할 수 있다.

4. 긴급한 규제의 신설·강화 심사

중앙행정기관의 장은 긴급하게 규제를 신설하거나 강화하여야 할 특별한 사유가 있는 경우에는 규제영향분석 및 자체심사 절차를 거치지 아니하고 위원회에 심사를 요청할 수 있다. 이 경우 그 사유를 제시하여야 한다.

5. 개선권고

위원회는 심사 결과 필요하다고 인정하면 관계 중앙행정기관의 장에게 그 규제의 신설 또는 강화를 철회하거나 개선하도록 권고할 수 있다.

6. 재심사

중앙행정기관의 장은 위원회의 심사 결과에 이의가 있거나 위원회의 권고대로 조치하기가 곤란하다고 판단되는 특별한 사정이 있는 경우에는 대통령령으로 정하는 바에 따라 위원회에 재심사를 요청할 수 있다.

7. 심사절차의 준수

중앙행정기관의 장은 위원회의 심사를 받지 아니하고 규제를 신설하거나 강화하여서는 아니 된다.

09 기존규제의 정비(제17조 내지 제19조)

1. 규제 정비의 요청

(1) 누구든지 위원회에 고시(告示) 등 기존규제의 폐지 또는 개선(정비)을 요청할 수 있다.

(2) 위원회는 정비 요청을 받으면 해당 규제의 소관 행정기관의 장에게 지체 없이 통보하여야 하고, 통보를 받은 행정기관의 장은 책임자 실명으로 성실히 답변하여야 한다.

(3) 위원회는 답변과 관련하여 필요한 경우 해당 행정기관의 장에게 규제 존치의 필요성 등에 대하여 소명할 것을 요청할 수 있다.

(4) 소명을 요청받은 행정기관의 장은 특별한 사유가 없으면 이에 따라야 한다.

2. 다른 행정기관 소관의 규제에 관한 의견제출

중앙행정기관의 장은 규제 개선 또는 소관 정책의 목적을 효과적으로 달성하기 위하여 다른 중앙행정기관의 소관 규제를 개선할 필요가 있다고 판단하는 경우에는 그에 관한 의견을 위원회에 제출할 수 있다.

3. 기존규제의 심사

위원회는 다음의 어느 하나에 해당하는 경우 기존규제의 정비에 관하여 심사할 수 있다.

(1) 위원회에서 심사할 필요가 있다고 인정한 경우

(2) 그 밖에 위원회가 이해관계인·전문가 등의 의견을 수렴한 결과 특정한 기존규제에 대한 심사가 필요하다고 인정한 경우

4. 기존규제의 자체정비

중앙행정기관의 장은 매년 소관 기존규제에 대하여 이해관계인·전문가 등의 의견을 수렴하여 정비가 필요한 규제를 선정하여 정비하여야 한다.

5. 기존규제의 존속기한 및 재검토기한 명시

중앙행정기관의 장은 기존규제에 대한 점검결과 존속시켜야 할 명백한 사유가 없는 규제는 존속기한 또는 재검토기한을 설정하여 그 법령 등에 규정하여야 한다.

6. 신기술 서비스·제품 관련 규제의 정비 및 특례

중앙행정기관의 장은 신기술 서비스·제품과 관련된 규제와 관련하여 규제의 적용 또는 존재 여부에 대하여 국민이 확인을 요청하는 경우 신기술 서비스·제품에 대한 규제 특례를 부여하는 관계 법률로 정하는 바에 따라 이를 지체 없이 확인하여 통보하여야 한다.

7. 신산업 규제정비 기본계획의 수립 및 시행

위원회는 신산업을 육성하고 촉진하기 위하여 신산업 분야의 규제정비에 관한 기본계획을 3년마다 수립·시행하여야 한다.

10 신기술 서비스·제품 관련 규제의 정비 및 특례(제19조의3)

1. 통보

중앙행정기관의 장은 신기술 서비스·제품과 관련된 규제와 관련하여 규제의 적용 또는 존재 여부에 대하여 국민이 확인을 요청하는 경우 신기술 서비스·제품에 대한 규제 특례를 부여하는 관계 법률로 정하는 바에 따라 이를 지체 없이 확인하여 통보하여야 한다.

2. 규제의 정비

중앙행정기관의 장은 신기술 서비스·제품과 관련된 규제와 관련하여 다음의 어느 하나에 해당하여 신기술 서비스·제품의 육성을 저해하는 경우에는 해당 규제를 신속하게 정비하여야 한다.

(1) 기존 규제를 해당 신기술 서비스·제품에 적용하는 것이 곤란하거나 맞지 아니한 경우
(2) 해당 신기술 서비스·제품에 대하여 명확히 규정되어 있지 아니한 경우

3. 특례(규제샌드박스)

중앙행정기관의 장은 규제를 정비하여야 하는 경우로서 필요한 경우에는 해당 규제가 정비되기 전이라도 신기술 서비스·제품과 관련된 규제 특례를 부여하는 관계 법률로서 대통령령으로 정하는 법률로 정하는 바에 따라 해당 규제의 적용을 면제하거나 완화할 수 있다.

4. 특례 시 고려사항

중앙행정기관의 장은 규제 특례 관계법률에 규제의 적용을 면제하거나 완화하는 규정을 두는 경우에는 다음의 사항을 종합적으로 고려하여야 한다.

(1) 국민의 안전·생명·건강에 **위해**가 되거나 환경 및 지역균형발전을 **저해**하는지 여부와 **개인정보**의 안전한 보호 및 처리 여부
(2) 해당 신기술 서비스·제품의 **혁신성** 및 안전성과 그에 따른 이용자의 **편익**
(3) 규제의 적용 면제 또는 완화로 인하여 발생할 수 있는 **부작용**에 대한 사후 책임 확보 방안

11 규제개혁위원회(제24조 내지 제30조) 2019, 2022 기출

소속	대통령
설치목적	정부의 규제정책을 심의·조정하고 규제의 심사·정비 등에 관한 사항을 종합적으로 추진하기 위함
인적 구성	위원장 2명 포함 20명 이상 25명 이하
위원장	국무총리와 학식과 경험 풍부한 자 중 대통령이 위촉
공무원 아닌 위원	전체위원의 과반수
임기	공무원 아닌 위원 2년, 1회 연임
의결 정족수	재적위원 과반수 출석으로 개의, **재적위원** 과반수 찬성으로 의결

1. 심의·조정 사항

(1) 규제정책의 기본방향과 규제제도의 **연구·발전**에 관한 사항
(2) 규제의 **신설·강화** 등에 대한 심사에 관한 사항
(3) 기존 규제의 심사, 신산업 규제정비 **기본계획** 및 규제정비 **종합계획**의 수립·시행에 관한 사항
(4) 규제의 **등록·공표**에 관한 사항
(5) 규제 개선에 관한 **의견수렴** 및 처리에 관한 사항
(6) 각급 행정기관의 규제 개선 실태에 대한 **점검·평가**에 관한 사항

2. 신분보장 등

위원은 금고 이상 형 선고 또는 장기간 심신미약의 경우를 제외하고는 본인의 의사와 관계없이 면직되거나 해촉(解囑)되지 아니한다.

3. 조사 및 의견 청취

행정기관의 장은 규제의 심사 등과 관련하여 소속 공무원이나 관계 전문가를 위원회에 출석시켜 의견을 진술하게 하거나 필요한 자료를 제출할 수 있다.

행정사
이상기 행정절차론

PART

06

질서위반행위규제법

PART 06 질서위반행위규제법

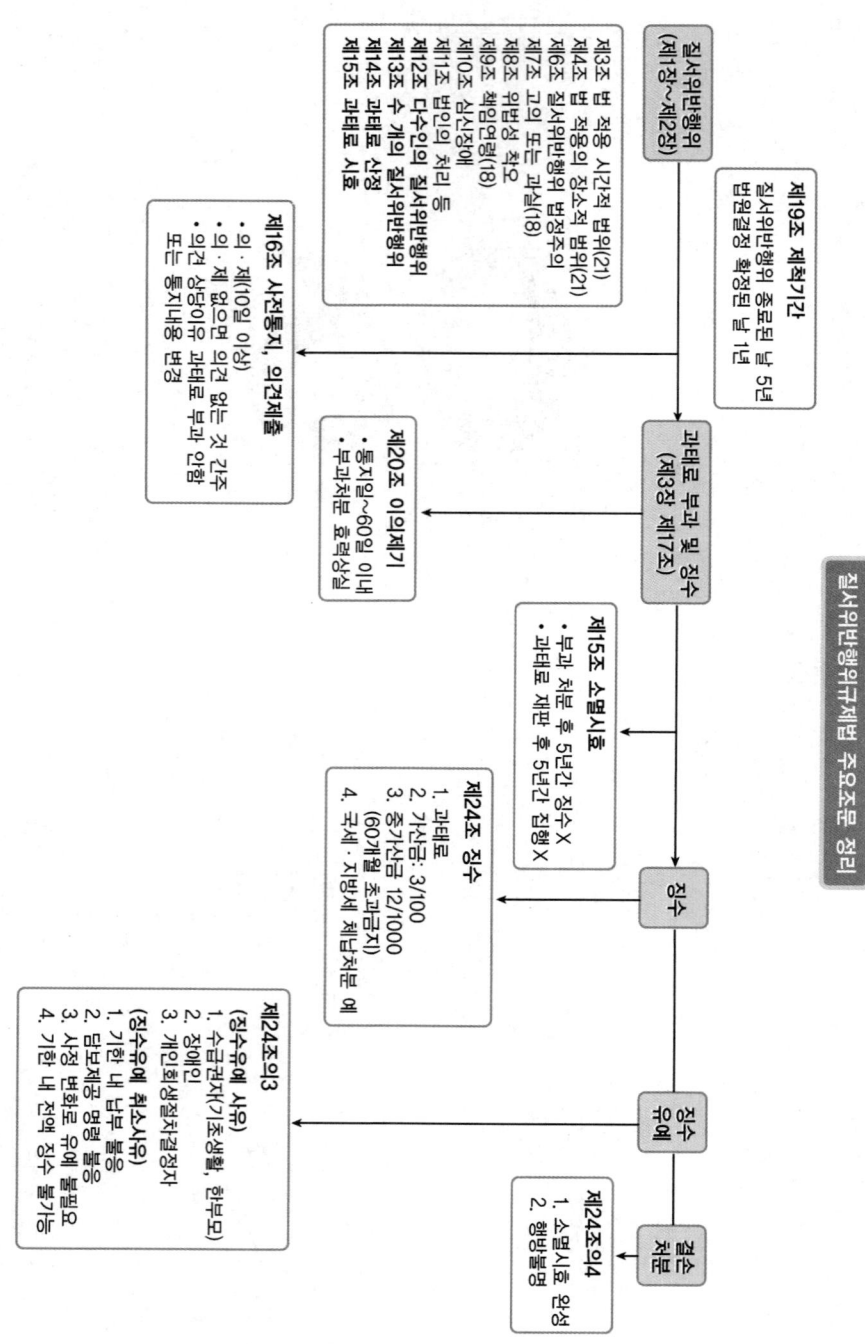

과태료 부과 처분에 대한 이의신청 등 절차

제20조 이의제기

제1항 과태료 부과에 불복하는 당사자 제17조 제1항에 따른 과태료 **부과 통지를 받은 날부터 60일 이내에 해당청에 서면 이의제기**
제2항 이의제기가 있는 경우 행정청의 과태료 부과처분 효력상실
제3항 당사자 행정청으로부터 제21조 제3항에 따른 통지를 받기 전까지 서면으로 이의제기 철회가능

14일 이내 법원통보

제21조 법원에의 통보

제1항 행정청은 이의제기를 받은 날부터 14일 이내에 의견 및 증빙서류를 첨부, 관할 법원 통보
    다음의 경우 통보하지 않음
    1. 당사자가 이의제기를 철회한 경우
    2. 당사자의 이의제기에 이유가 있어 과태료를 부과할 필요가 없는 것으로 인정되는 경우
제2항 법률상 같은 원인으로 다수인에게 과태료 부과 시 다수인 중 1인에 대한 관할권이 있는 법원에 이의제기 사실을 통보할 수 있다.
제3항 행정청이 제1항 및 제2항에 따라 관할 법원에 통보를 하거나 통보하지 아니하는 경우에는 그 사실을 즉시 당사자에게 통지

질서위반행위의 재판 및 집행

1. 심문 (제31조)
2. 행정청에 대한 출석요구 (제32조)
3. 재판 (제36조) – 이유를 붙인 결정으로 함
4. 고지 (제37조) – 당사자와 검사에게 고지함으로써 효력발생
5. 집행 (제42조) – 검사의 명령으로 집행 (처분청 위탁가능)

※ 보칙 (제5장) – 1. 관허사업의 제한(제52조), 2. 신용정보의 제공(제53조), 3. 고액·상습체납자 제재(제54조),
    4. 자동차관련 과태료 체납자 자동차번호판 영치

01 적용범위(제3조, 제4조)

1. 질서위반행위

법률(조례 포함)상의 의무를 위반하여 과태료를 부과하는 행위를 말한다.

2. 시간적 적용 범위

(1) 원칙

질서위반행위의 성립과 과태료 처분은 행위 시의 법률에 따른다.

(2) 예외

① 질서위반행위 후 법률이 변경되어 그 행위가 질서위반행위에 해당하지 아니하게 되거나 과태료가 변경되기 전의 법률보다 가볍게 된 때에는 법률에 특별한 규정이 없는 한 변경된 법률을 적용한다.

② 행정청의 과태료 처분이나 법원의 과태료 재판이 확정된 후 법률이 변경되어 그 행위가 질서위반행위에 해당하지 아니하게 된 때에는 변경된 법률에 특별한 규정이 없는 한 과태료의 징수 또는 집행을 면제한다.

3. 장소적 적용 범위

(1) 이 법은 대한민국 영역 안에서 질서위반행위를 한 자에게 적용한다.

(2) 이 법은 대한민국 영역 밖에서 질서위반행위를 한 대한민국의 국민에게 적용한다.

(3) 이 법은 대한민국 영역 밖에 있는 대한민국의 선박 또는 항공기 안에서 질서위반행위를 한 외국인에게 적용한다.

02 질서위반행위의 성립(제6조 내지 제10조) 2018 기출

1. 질서위반행위 법정주의

법률에 따르지 아니하고는 어떤 행위도 질서위반행위로 과태료를 부과하지 아니한다.

2. 고의 또는 사실

고의 또는 과실이 없는 질서위반행위는 과태료를 부과하지 아니한다.

3. 위법성 착오

자신의 행위가 위법하지 아니한 것으로 오인하고 행한 질서위반행위는 그 오인에 정당한 이유가 있는 때에 한하여 과태료를 부과하지 아니한다.

4. 책임연령

14세가 되지 아니한 자의 질서위반행위는 과태료를 부과하지 아니한다. 다만, 다른 법률에 특별한 규정이 있는 경우에는 그러하지 아니하다.

5. 심신장애

(1) 심신(心神)장애로 인하여 행위의 옳고 그름을 판단할 능력이 없거나 그 판단에 따른 행위를 할 능력이 없는 자의 질서위반행위는 과태료를 부과하지 아니한다.

(2) 심신장애로 인하여 따른 능력이 미약한 자의 질서위반행위는 과태료를 감경한다.

(3) 스스로 심신장애 상태를 일으켜 질서위반행위를 한 자에 대하여는 (1) 및 (2)의 내용을 적용하지 아니한다.

03 다수인의 질서위반행위 가담, 수개의 질서위반행위의 처리(제12조, 제13조)

1. 다수인의 질서위반행위 가담

(1) 2인 이상이 질서위반행위에 가담한 때에는 각자가 질서위반행위를 한 것으로 본다.

(2) 신분에 의하여 성립하는 질서위반행위에 신분이 없는 자가 가담한 때에는 신분이 없는 자에 대하여도 질서위반행위가 성립한다.

(3) 신분에 의하여 과태료를 감경 또는 가중하거나 과태료를 부과하지 아니하는 때에는 그 신분의 효과는 신분이 없는 자에게는 미치지 아니한다.

2. 수개의 질서위반행위의 처리

(1) 하나의 행위가 2 이상의 질서위반행위에 해당하는 경우에는 각 질서위반행위에 대하여 정한 과태료 중 가장 중한 과태료를 부과한다.

(2) 다른 행위로 2 이상의 질서위반행위가 경합하는 경우에는 각 질서위반행위에 대하여 정한 과태료를 각각 부과한다.

04 과태료 부과·징수·불복절차 2016 기출

1. 과태료 부과절차

(1) **사전통지 및 의견제출(제16조)**
① 행정청이 질서위반행위에 대하여 과태료를 부과하고자 하는 때에는 미리 당사자에게 대통령령으로 정하는 사항을 통지하고, 10일 이상의 기간을 정하여 의견을 제출할 기회를 주어야 한다. 이 경우 지정된 기일까지 의견제출이 없는 경우에는 의견이 없는 것으로 본다.
② 당사자는 의견제출 기한 이내에 행정청에 의견을 진술하거나 필요한 자료를 제출할 수 있다.
③ 행정청은 당사자가 제출한 의견에 상당한 이유가 있는 경우에는 과태료를 부과하지 아니하거나 통지한 내용을 변경할 수 있다.

(2) **과태료 부과(제17조)**
행정청은 의견제출 절차를 마친 후에 서면으로 과태료를 부과하여야 한다.

(3) 자진납부자에 대한 과태료 감경(제18조)

행정청은 당사자가 의견제출 기한 이내에 과태료를 자진하여 납부하고자 하는 경우에는 100분의 20의 과태료를 감경할 수 있다.

(4) 과태료 부과 제척기간(제19조)

① 행정청은 질서위반행위가 종료된 날(다수인이 질서위반행위에 가담한 경우에는 최종행위가 종료된 날을 말한다)부터 5년이 경과한 경우에는 해당 질서위반행위에 대하여 과태료를 부과할 수 없다.
② 행정청은 법원의 결정이 있는 경우에는 그 결정이 확정된 날부터 1년이 경과하기 전까지는 과태료를 정정부과하는 등 해당 결정에 따라 필요한 처분을 할 수 있다.

2. 징수절차(제24조)

(1) 행정청은 당사자가 납부기한까지 과태료를 납부하지 아니한 때에는 납부기한을 경과한 날부터 체납된 과태료에 대하여 100분의 3에 상당하는 가산금을 징수한다.

(2) 체납된 과태료를 납부하지 아니한 때에는 납부기한이 경과한 날부터 매 1개월이 경과할 때마다 체납된 과태료의 1천분의 12에 상당하는 가산금("중가산금")을 위 (1)에 따른 가산금에 가산하여 징수한다. 이 경우 중가산금을 가산하여 징수하는 기간은 60개월을 초과하지 못한다.

(3) 행정청은 당사자가 기한 이내에 이의를 제기하지 아니하고 가산금을 납부하지 아니한 때에는 국세 또는 지방세 체납처분의 예에 따라 징수한다.

3. 불복절차

(1) 이의제기(제20조)

① 행정청의 과태료 부과에 불복하는 당사자는 과태료 부과 통지를 받은 날부터 60일 이내에 해당 행정청에 서면으로 이의제기를 할 수 있다.
② 이의제기가 있는 경우에는 행정청의 과태료 부과처분은 그 효력을 상실한다.

(2) 법원에의 통보(제21조)

행정청은 이의제기를 받은 날부터 14일 이내에 이에 대한 의견 및 증빙서류를 첨부하여 관할 법원에 통보하여야 한다.

05 질서위반행위의 재판 및 집행

1. 재판

(1) 관할법원(제25조)

① 과태료 사건은 다른 법령에 특별한 규정이 있는 경우를 제외하고는 당사자의 주소지의 지방법원 또는 그 지원의 관할로 한다.
② 법원은 과태료 사건의 전부 또는 일부에 대하여 관할권이 없다고 인정하는 경우에는 결정으로 이를 관할 법원으로 이송한다.

(2) 심문 등(제31조)

① 법원은 심문기일을 열어 당사자의 진술을 들어야 한다(필요적 심문).
② 법원은 검사의 의견을 구하여야 하고, 검사는 심문에 참여하여 의견을 진술하거나 서면으로 의견을 제출하여야 한다.

(3) 행정청에 대한 출석요구(제32조)

① 법원은 행정청의 참여가 필요하다고 인정하는 때에는 행정청으로 하여금 심문기일에 출석하여 의견을 진술하게 할 수 있다.
② 행정청은 법원의 허가를 받아 소속 공무원으로 하여금 심문기일에 출석하여 의견을 진술하게 할 수 있다.

(4) 직권에 의한 사실탐지와 증거조사(제33조)

법원은 직권으로 사실의 탐지와 필요하다고 인정하는 증거의 조사를 하여야 한다.

(5) 재판(제36조)

① 과태료 재판은 이유를 붙인 결정으로써 한다.
② 결정은 당사자와 검사에게 고지함으로써 효력이 생긴다.

(6) 항고(제38조)

당사자와 검사는 과태료 재판에 대하여 <u>즉시항고를 할 수 있다. 이 경우 항고는 집행정지의 효력이 있다.</u>

2. 과태료 재판의 집행(제42조, 제44조)

(1) 과태료 재판은 검사의 명령으로써 집행한다. 이 경우 그 명령은 집행력 있는 집행권원과 동일한 효력이 있다.

(2) 과태료 재판의 집행절차는 「민사집행법」에 따르거나 국세 또는 지방세 체납처분의 예에 따른다.

06 약식재판에 대한 이의신청 2024 기출

1. 약식재판(제44조)

법원은 상당하다고 인정하는 때에는 심문 없이 과태료 재판을 할 수 있다.

2. 이의신청(제45조)

(1) 당사자와 검사는 약식재판의 고지를 받은 날부터 7일 이내에 이의신청을 할 수 있다. 이 기간은 불변기간으로 한다.

(2) 검사는 필요한 경우에는 이의신청 여부에 대하여 행정청의 의견을 청취할 수 있다.

(3) 당사자와 검사가 책임질 수 없는 사유로 이의신청 기간을 지킬 수 없었던 경우에는 그 사유가 없어진 날부터 14일 이내에 이의신청을 할 수 있다. 다만, 그 사유가 없어질 당시 외국에 있던 당사자에 대하여는 그 기간을 30일로 한다.

3. 이의신청 방식(제46조)

(1) 이의신청은 대통령령으로 정하는 이의신청서를 약식재판을 한 법원에 제출함으로써 한다.

(2) 법원은 이의신청이 있은 때에는 이의신청의 상대방에게 이의신청서 부본을 송달하여야 한다.

4. 이의신청 취하(제47조)

(1) 이의신청을 한 당사자 또는 검사는 정식재판 절차에 따른 결정을 고지받기 전까지 이의신청을 취하할 수 있다.

(2) 이의신청의 취하는 대통령령으로 정하는 이의신청취하서를 법원에 제출함으로써 한다. 다만, 심문기일에는 말로 할 수 있다.

5. 이의신청 각하(제48조)

(1) 법원은 이의신청이 법령상 방식에 어긋나거나 이의신청권이 소멸된 뒤의 것임이 명백한 경우에는 결정으로 이를 각하하여야 한다. 다만, 그 흠을 보정할 수 있는 경우에는 그러하지 아니하다.

(2) 이의신청 각하 결정에 대하여는 즉시항고를 할 수 있다.

6. 약식재판의 확정(제49조)

약식재판은 다음의 어느 하나에 해당하는 때에 확정된다.

(1) 약식재판의 고지를 받은 날로부터 7일 이내에 이의신청이 없는 때

(2) 이의신청에 대한 각하결정이 확정된 때

(3) 당사자 또는 검사가 이의신청을 취하한 때

7. 이의신청에 따른 정식재판절차로의 이행(제50조)

법원이 이의신청이 적법하다고 인정하는 때에는 약식재판은 그 효력을 잃는다. 이 경우 법원은 심문을 거쳐 다시 재판하여야 한다.

07 과태료 체납자에 대한 제재 2020 기출

1. 관허사업의 제한(제52조)

행정청은 허가·인가·면허·등록 및 갱신(이하 "허가 등"이라 한다)을 요하는 사업을 경영하는 자로서 다음의 사유에 모두 해당하는 체납자에 대하여는 사업의 정지 또는 허가 등의 취소를 할 수 있다.

(1) 해당 사업과 관련된 질서위반행위로 부과받은 과태료를 3회 이상 체납하고 있고, 체납발생일부터 각 1년이 경과하였으며, 체납금액의 합계가 500만 원 이상인 체납자 중 대통령령으로 정하는 횟수와 금액 이상을 체납한 자

(2) 천재지변이나 그 밖의 중대한 재난 등 대통령령으로 정하는 특별한 사유 없이 과태료를 체납한 자

2. 신용정보의 제공 등(제53조)

(1) 행정청은 과태료 징수 또는 공익목적을 위하여 필요한 경우 종합신용정보집중기관의 요청에 따라 체납 또는 결손처분자료를 제공할 수 있다.

(2) 행정청은 당사자에게 과태료를 납부하지 아니할 경우에는 체납 또는 결손처분자료를 신용정보집중기관에게 제공할 수 있음을 미리 알려야 한다.

(3) 행정청은 체납 또는 결손처분자료를 제공한 경우에는 대통령령으로 정하는 바에 따라 해당 체납자에게 그 제공사실을 통보하여야 한다.

3. 고액·상습체납자에 대한 제재(제54조)

법원은 검사의 청구에 따라 결정으로 30일의 범위 이내에서 과태료의 납부가 있을 때까지 다음의 사유에 모두 해당하는 경우 체납자(법인인 경우에는 대표자를 말한다. 이하 이 조에서 같다)를 감치(監置)에 처할 수 있다.

(1) 과태료를 3회 이상 체납하고 있고, 체납발생일부터 각 1년이 경과하였으며, 체납금액의 합계가 1천만 원 이상인 체납자 중 대통령령으로 정하는 횟수와 금액 이상을 체납한 경우
(2) 과태료 납부능력이 있음에도 불구하고 정당한 사유 없이 체납한 경우

4. 자동차 관련 과태료 체납자에 대한 자동차 등록번호판의 영치(제55조, 영 제14조)

과태료를 체납발생일부터 60일을 넘어 체납하고, 체납된 과태료 합계액이 30만 원 이상이며, 자동차가 과태료를 체납한 당사자 소유인 경우 자동차 등록번호판을 영치할 수 있다.

08 자동차 등록번호판의 영치(제55조, 영 제14조)

행정청은 자동차 관련 과태료를 납부하지 아니한 자에 대하여 체납된 자동차 관련 과태료와 관계된 그 소유의 자동차의 등록번호판을 영치할 수 있다.

1. 체납기간 등

과태료를 체납발생일부터 60일을 넘어 체납하고, 체납된 과태료 합계액이 30만 원 이상이며, 자동차가 과태료를 체납한 당사자 소유인 경우 자동차 등록번호판을 영치할 수 있다.

2. 영치통지

행정청은 자동차 등록번호판을 영치할 때에는 미리 당사자에게 10일 이내에 자동차 관련 과태료를 납부하지 아니하면 즉시 등록번호판을 영치할 것이라는 뜻을 통지하여야 한다.

3. 등록번호판 반환

자동차 관련 과태료를 납부하지 아니한 자가 체납된 자동차 관련 과태료를 납부한 경우 행정청은 영치한 자동차 등록번호판을 즉시 내주어야 한다.

4. 과태료 납부증명서 제출(제56조)

자동차 관련 과태료와 관계된 자동차가 그 자동차 관련 과태료의 체납으로 인하여 압류등록된 경우 그 자동차에 대하여 소유권 이전등록을 하려는 자는 압류등록의 원인이 된 자동차 관련 과태료를 납부한 증명서를 제출하여야 한다. 다만, 「전자정부법」에 따른 행정정보의 공동이용을 통하여 납부사실을 확인할 수 있는 경우에는 그러하지 아니하다.

09 과태료 징수유예 등 결손처분(제24조의3, 제24조의4)

1. 징수유예

(1) **징수유예 의의**

행정청은 과태료를 납부하기가 곤란하다고 인정되면 1년의 범위에서 대통령령으로 정하는 바에 따라 과태료의 분할납부나 납부기일의 연기를 결정할 수 있다.

(2) **대상**
① 「국민기초생활 보장법」에 따른 수급권자
② 「의료급여법」에 따른 수급권자
③ 「한부모가족지원법」에 따른 지원대상자
④ 「장애인복지법」 제2조 제2항에 따른 장애인
⑤ 「채무자 회생 및 파산에 관한 법률」에 따른 개인회생절차개시결정자
⑥ 「고용보험법」에 따른 실업급여수급자
⑦ 불의의 재난으로 피해를 당한 사람
⑧ 납부의무자 또는 그 동거 가족이 질병이나 중상해로 1개월 이상의 장기 치료를 받아야 하는 경우

(3) **징수유예 신청**
① 징수유예 등을 받으려는 당사자는 행정청에 신청할 수 있다.
② 행정청은 징수유예 등을 하는 경우 그 유예하는 금액에 상당하는 담보의 제공이나 제공된 담보의 변경을 요구할 수 있고, 그 밖에 담보보전에 필요한 명령을 할 수 있다.
③ 행정청은 징수유예 등의 기간 중에는 그 유예한 과태료 징수금에 대하여 가산금, 중가산금의 징수 또는 체납처분(교부청구는 제외한다)을 할 수 없다.

(4) 징수유예 취소

행정청은 다음의 어느 하나에 해당하는 경우 그 징수유예 등을 취소하고, 유예된 과태료 징수금을 한꺼번에 징수할 수 있다. 이 경우 그 사실을 당사자에게 통지하여야 한다.
① 과태료 징수금을 지정된 기한까지 납부하지 아니하였을 때
② 담보의 제공이나 변경, 그 밖에 담보보전에 필요한 행정청의 명령에 따르지 아니하였을 때
③ 재산상황이나 그 밖의 사정의 변화로 유예할 필요가 없다고 인정될 때
④ 유예한 기한까지 과태료 징수금의 전액을 징수할 수 없다고 인정될 때

2. 결손처분

행정청은 당사자에게 다음의 어느 하나에 해당하는 사유가 있을 경우에는 결손처분을 할 수 있다.

(1) 과태료의 소멸시효가 완성된 경우

(2) 체납자의 행방이 분명하지 아니하거나 재산이 없는 등 징수할 수 없다고 인정되는 경우로서 대통령령으로 정하는 경우

(3) 행정청에 따라 결손처분을 한 후 압류할 수 있는 다른 재산을 발견하였을 때에는 지체 없이 그 처분을 취소하고 체납처분을 하여야 한다.

행정사
이상기 행정절차론

PART 07

가족관계의 등록 등에 관한 법률

PART 07 가족관계의 등록 등에 관한 법률

◆ 가족관계등록법과 주민등록법의 비교

구분	가족관계등록법	주민등록법
제정 목적	가족관계의 발생, 변동 등록 및 증명	주민등록, 인구동태 파악
소관 행정청	시(구)·읍·면장	시·군·구 (위임: 읍·면·동)
관장 및 감독	관장: 대법원 / 감독: 가정법원장	관장: 시·군·구 / 감독: 행안부장관

◆ 가족관계등록부 종류, 일반증명서 기재사항(공통, 개별), 상세증명서 기재사항

구분	일반증명서 개별기재	일반증명서 공통기재	상세증명서 기재
가족관계증명서	• 부모의 성명, 성별, 본, 출생연월일, 주민등록번호 • 배우자 • **생존한 현재 혼인 중 자녀의** 성명, 성별, 본, 출생연월일 및 주민등록번호	(등, 성, 별, 본, 출, 번) • 본인 **등**록기준지 • **성**명 및 성**별** • **본**(本) • **출**생연월일 • 주민등록**번**호	모든 자녀(사망 자녀 포함)의 성명, 성별, 본, 출생연월일, 주민등록번호
기본증명서	본인의 출생, 사망, **국적상실** 사항		국**적취득** 및 **회복**사항
혼인관계증명서	• 배우자 성명, 성별, 본, 출생연월일, 주민등록번호 • **현재의 혼인상태**		**혼인** 및 **이혼**사항
입양관계증명서	• 친생부모·양부모 또는 양자의 성명, 성별, 본, 출생연월일, 주민등록번호 • **현재의 입양**사항		**입양** 및 **파양**사항
친양자입양관계증명서	• 친생부모·양부모 또는 친양자의 성명, 성별, 본, 출생연월일, 주민등록번호 • **현재의 친양자 입양**사항		**친양자 입양** 및 **파양**사항

◆ 가족관계등록부 특정증명서 기재사항

구분	특정증명서 기재사항
가족관계증명서	1. 본인의 성명, 성별, 출생연월일 및 주민등록번호 2. 부모, 배우자 및 자녀 중 신청인이 선택한 사람의 성경, 성별, 출생연월일 및 주민등록번호(사람을 복수로 선택할 수 있다) 3. 본인의 등록기준지 4. 본인 및 제2호에 따라 신청인이 선택한 사람 전부의 본 ※ 3, 4는 신청인이 기재사항으로 선택한 경우에 한한다.

기본증명서	1. 본인의 성명, 성별, 출생연월일 및 주민등록번호
	2. 다음 중 신청인이 선택한 어느 하나에 관한 사항
	  1) 출생, 사망과 실종
	  2) 인지와 친생자관계 정정
	  3) 친권과 미성년후견(다만, 현재의 사항만을 선택할 수도 있다)
	  4) 개명과 성, 본 변경
	  5) 국적의 취득과 상실
	  6) 성별 등의 정정
	3. 본인의 등록기준지
	4. 본인의 본
	※ 3, 4는 신청인이 기재사항으로 선택한 경우에 한한다.

혼인관계증명서	1. 본인의 성명, 성별, 출생연월일 및 주민등록번호 2. 신청인이 선택한 과거의 혼인에 관한 사항 3. 본인의 등록기준지 4. 본인의 본 ※ 3, 4는 신청인이 기재사항으로 선택한 경우에 한한다.

○ 등록사항별 증명서를 특정증명서로 발급한다(대법원 규칙 제21조의2).

01 가족관계등록부 교부, 친양자입양관계증명서(제14조)

1. 증명서의 교부

(1) 청구 원칙

본인 또는 배우자, 직계혈족("본인 등")은 등록부 등의 기록사항에 관하여 발급할 수 있는 증명서의 교부를 청구할 수 있고, 본인 등의 대리인이 청구하는 경우에는 본인 등의 위임을 받아야 한다.

(2) 예외

다음의 어느 하나에 해당하는 경우에는 본인 등이 아닌 경우에도 교부를 신청할 수 있다.
① 국가 또는 지방자치단체가 직무상 필요에 따라 문서로 신청하는 경우
② 소송·비송·민사집행의 각 절차에서 필요한 경우
③ 다른 법령에서 본인 등에 관한 증명서를 제출하도록 요구하는 경우
④ 그 밖에 대법원규칙으로 정하는 정당한 이해관계가 있는 사람이 신청하는 경우

2. 친양자입양관계증명서 교부청구 요건

친양자입양관계증명서는 다음의 어느 하나에 해당하는 경우에 한하여 교부를 청구할 수 있다.
① 친양자가 성년이 되어 신청하는 경우(미성년인 경우 청구불가)
② 혼인당사자가 「민법」의 친족관계를 파악하고자 하는 경우
③ 법원의 사실조회촉탁이 있거나 수사기관이 수사상 필요에 따라 문서로 신청하는 경우
④ 그 밖에 대법원규칙으로 정하는 경우

3. 가정폭력피해자 특례

(1) 증명서 교부제한 신청

가정폭력피해자 또는 그 대리인은 가정폭력피해자의 배우자 또는 직계혈족을 지정("교부제한대상자")하여 시·읍·면의 장에게 가정폭력피해자 본인의 등록사항별 증명서의 교부제한을 신청할 수 있다.

(2) 교부제한

시·읍·면의 장은 교부제한 신청을 받은 때에는 교부제한대상자 또는 그 대리인에게 가정폭력피해자 본인의 등록사항별 증명서를 교부하지 아니할 수 있다.

02 「가족관계등록법」 규정에 의한 신고(제20조 내지 제43조)

1. 신고의 장소

신고는 신고사건 본인의 등록기준지 또는 신고인의 주소지나 현재지에서 할 수 있다.

2. 신고방법(제23조)

(1) 신고는 서면이나 말로 할 수 있다.

(2) 신고로 인하여 효력이 발생하는 등록사건에 관하여 신고사건 본인이 시·읍·면에 출석하지 아니하는 경우에는 신고사건 본인의 주민등록증·운전면허증·여권, 그 밖에 대법원규칙으로 정하는 신분증명서를 제시하거나 신고서에 신고사건 본인의 인감증명서를 첨부하여야 한다.

3. 미성년자 또는 피성년후견인(제26조)

신고하여야 할 사람이 미성년자 또는 피성년후견인인 경우에는 친권자, 미성년후견인 또는 성년후견인을 신고의무자로 한다.

4. 증인을 필요로 하는 신고(제28조)

증인을 필요로 하는 사건의 신고에 있어서는 증인은 신고서에 주민등록번호 및 주소를 기재하고 서명하거나 기명날인하여야 한다.

5. 말로 하는 신고(제31조)

말로 신고하려 할 때에는 신고인은 시·읍·면의 사무소에 출석하여 신고서에 기재하여야 할 사항을 진술하여야 한다.

6. 신고의 기산, 최고 등(제37조 내지 제43조)

(1) 신고기간은 신고사건 발생일부터 기산한다.

(2) 시·읍·면의 장은 신고를 게을리한 사람을 안 때에는 상당한 기간을 정하여 신고의무자에 대하여 그 기간 내에 신고할 것을 최고(催告)하여야 하고, 신고의무자가 기간 내에 신고를 하지 아니한 때에는 시·읍·면의 장은 다시 상당한 기간을 정하여 최고할 수 있다.

(3) 시·읍·면의 장은 신고기간이 경과한 후의 신고라도 수리하여야 한다.

(4) 시·읍·면의 장이 신고를 수리하지 아니한 때에는 그 사유를 지체 없이 신고인에게 서면으로 통지하여야 한다.

03 출생사실의 통보(제44조의3), 출생신고의 확인최고·직권출생기록(제44조의4)

1. 출생사실의 통보

1) 출생정보의 기재

의료기관에 종사하는 의료인은 해당 의료기관에서 출생이 있는 경우 출생사실을 확인하기 위하여 다음의 출생정보를 해당 의료기관에서 관리하는 출생자 모의 진료기록부 또는 조산기록부(전자적 형태로 바꾼 문서 포함)에 기재하여야 한다.

(1) 출생자의 모에 관한 다음의 사항
  ① 성명
  ② 주민등록번호 또는 외국인등록번호(모가 외국인인 경우로 한정한다)

(2) 출생자의 성별, 수(數) 및 출생 연월일시

(3) 그 밖에 의료기관의 주소 등 출생사실을 확인하기 위하여 대법원규칙으로 정하는 사항

2) 출생정보의 제출

의료기관의 장은 출생일부터 14일 이내에 출생정보를 「국민건강보험법」에 따른 건강보험심사평가원에 제출하여야 한다.

3) 출생정보의 통보

건강보험심사평가원은 출생정보를 제출받은 경우 출생자 모의 주소지를 관할하는 시·읍·면의 장(모의 주소지를 확인할 수 없는 경우에는 출생지를 관할하는 시·읍·면의 장을 말한다)에게 해당 출생정보를 포함한 출생사실을 지체 없이 통보하여야 한다.

2. 출생신고의 확인·최고 및 직권 출생 기록

(1) 신고여부 확인

통보를 받은 시·읍·면의 장은 신고기간(출생 후 1개월 이내) 내에 출생자에 대한 출생신고가 되었는지를 확인하여야 한다.

(2) 출생신고의 최고

시·읍·면의 장은 신고기간이 지나도록 출생신고가 되지 아니한 경우에는 즉시 신고의무자에게 7일 이내에 출생신고를 할 것을 최고하여야 한다.

(3) 직권 출생등록

시·읍·면의 장은 다음의 어느 하나에 해당하는 경우 통보받은 자료를 첨부하여 감독법원의 허가를 받아 해당 출생자에 대하여 직권으로 등록부에 출생을 기록하여야 한다.
① 신고의무자가 최고기간 내에 출생신고를 하지 아니한 경우
② 신고의무자를 특정할 수 없는 등의 이유로 신고의무자에게 최고할 수 없는 경우

04 인지신고(제55조 내지 제60조)

1. 의의

"인지신고"란 혼인 외의 출생자를 그의 생부 또는 생모가 자기의 자녀라고 인정하고, 시(구)·읍·면의 장에게 신고하는 것을 말한다.

2. 인지신고의 기재사항

인지의 신고서에는 다음 사항을 기재하여야 한다.

(1) 자녀의 성명·성별·출생연월일·주민등록번호 및 등록기준지(자가 외국인인 때에는 그 성명·성별·출생연월일·국적 및 외국인등록번호)

(2) 사망한 자녀를 인지할 때에는 사망연월일, 그 직계비속의 성명·출생연월일·주민등록번호 및 등록기준지

(3) 부가 인지할 때에는 모의 성명·등록기준지 및 주민등록번호

(4) 인지 전의 자녀의 성과 본을 유지할 경우 그 취지와 내용

3. 인지신고의 종류

(1) 태아의 인지(제56조)

태내에 있는 자녀를 인지할 때에는 신고서에 그 취지, 모의 성명 및 등록기준지를 기재하여야 한다.

(2) 친생자출생의 신고에 의한 인지(제57조)

부가 혼인 외의 자녀에 대하여 친생자출생의 신고를 한 때에는 그 신고는 인지의 효력이 있다.

(3) 재판에 의한 인지(제58조)
　① 인지의 재판이 확정된 경우에 소를 제기한 사람은 재판의 확정일부터 1개월 이내에 재판서의 등본 및 확정증명서를 첨부하여 그 취지를 신고하여야 한다.
　② 그 소의 상대방도 재판서의 등본 및 확정증명서를 첨부하여 인지의 재판이 확정된 취지를 신고할 수 있다.

(4) 유언에 의한 인지(제59조)
유언에 의한 인지의 경우에는 유언집행자는 그 취임일부터 1개월 이내에 인지에 관한 유언서 등본 또는 유언녹음을 기재한 서면을 첨부하여 신고를 하여야 한다.

(5) 인지된 태아의 사산(제60조)
인지된 태아가 사체로 분만된 경우에 출생의 신고의무자는 그 사실을 안 날부터 1개월 이내에 그 사실을 신고하여야 한다. 다만, 유언집행자가 신고를 하였을 경우에는 유언집행자가 그 신고를 하여야 한다.

05 개명신고, 성·본 변경신고(제99조, 제100조)

1. 개명신고

(1) 개명하고자 하는 사람은 주소지(재외국민의 경우 등록기준지)를 관할하는 가정법원의 허가를 받고 그 허가서의 등본을 받은 날부터 1개월 이내에 신고를 하여야 한다.

(2) 신고서(허가서 등본 첨부)에는 다음 사항을 기재하여야 한다.
　① 변경 전의 이름
　② 변경한 이름
　③ 허가연월일

2. 성·본 변경신고

「민법」에 따라 자녀의 성(姓)·본(本)을 변경하고자 하는 사람은 재판확정일부터 1개월 이내에 재판서의 등본 및 확정증명서를 첨부하여 다음 사항을 기재하여 신고하여야 한다.

(1) 변경 전의 성·본

(2) 변경한 성·본

(3) 재판확정일

06 국적취득자의 성·본 창설신고(제96조)

(1) 외국의 성을 쓰는 국적취득자가 그 성을 쓰지 아니하고 새로이 성(姓)·본(本)을 정하고자 하는 경우에는 그 등록기준지·주소지 또는 등록기준지로 하고자 하는 곳을 관할하는 가정법원의 허가를 받고 그 등본을 받은 날부터 1개월 이내에 그 성과 본을 신고하여야 한다.

(2) 대한민국의 국적을 회복하거나 재취득하는 경우에는 종전에 사용하던 대한민국식 성명으로 국적회복신고 또는 국적재취득신고를 할 수 있다.

(3) 신고서에는 종전에 사용하던 대한민국식 성명을 소명하여야 한다.

(4) 신고서에는 다음 사항을 기재하여야 한다.
　① 종전의 성
　② 창설한 성·본
　③ 허가의 연월일

(5) 가정법원은 심리(審理)를 위하여 국가경찰관서의 장에게 성·본 창설허가 신청인의 범죄경력 조회를 요청할 수 있고, 그 요청을 받은 국가경찰관서의 장은 지체 없이 그 결과를 회보하여야 한다.

07 등록부의 정정(제104조 내지 제107조)

1. 위법한 가족관계 등록기록의 정정

등록부의 기록이 법률상 허가될 수 없는 것 또는 그 기재에 착오나 누락이 있다고 인정한 때에는 이해관계인은 사건 본인의 등록기준지를 관할하는 가정법원의 허가를 받아 등록부의 정정을 신청할 수 있다.

2. 무효인 행위의 가족관계등록기록의 정정

신고로 인하여 효력이 발생하는 행위에 관하여 등록부에 기록하였으나 그 행위가 무효임이 명백한 때에는 신고인 또는 신고사건의 본인은 사건 본인의 등록기준지를 관할하는 가정법원의 허가를 받아 등록부의 정정을 신청할 수 있다.

3. 정정신청의 의무

허가의 재판이 있었을 때에는 재판서의 등본을 받은 날부터 1개월 이내에 그 등본을 첨부하여 등록부의 정정을 신청하여야 한다.

4. 판결에 의한 등록부의 정정

확정판결로 인하여 등록부를 정정하여야 할 때에는 소를 제기한 사람은 판결확정일부터 1개월 이내에 판결의 등본 및 그 확정증명서를 첨부하여 등록부의 정정을 신청하여야 한다.

08 시·읍·면장의 위법 또는 부당한 처분에 대한 불복절차(제109조 내지 제113조)

1. 불복의 신청

(1) 등록사건에 관하여 이해관계인은 시·읍·면의 장의 위법 또는 부당한 처분에 대하여 관할 가정법원에 불복의 신청을 할 수 있다.

(2) 신청을 받은 가정법원은 신청에 관한 서류를 시·읍·면의 장에게 송부하며 그 의견을 구할 수 있다.

2. 불복신청에 대한 시·읍·면의 조치

(1) 시·읍·면의 장은 그 신청이 이유 있다고 인정하는 때에는 지체 없이 처분을 변경하고 그 취지를 법원과 신청인에게 통지하여야 한다.

(2) 신청이 이유 없다고 인정하는 때에는 의견을 붙여 지체 없이 그 서류를 법원에 반환하여야 한다.

3. 불복신청에 대한 법원의 결정

(1) 가정법원은 신청이 이유 없는 때에는 각하하고 이유 있는 때에는 시·읍·면의 장에게 상당한 처분을 명하여야 한다.

(2) 신청의 각하 또는 처분을 명하는 재판은 결정으로써 하고, 시·읍·면의 장 및 신청인에게 송달하여야 한다.

4. 항고

가정법원의 결정에 대하여는 법령을 위반한 재판이라는 이유로만 「비송사건절차법」에 따라 항고할 수 있다.

5. 불복신청의 비용

불복신청의 비용에 관하여는 「비송사건절차법」의 규정을 준용한다.

MEMO

행정사
이상기 행정절차론

PART

08

주민등록법

PART 08 주민등록법

01 주민등록, 주민등록표 작성, 재작성

1. 주민등록 대상자(제6조)

시장·군수 또는 구청장은 30일 이상 거주할 목적으로 그 관할 구역에 주소나 거소(이하 "거주지")를 가진 자를 이 법 규정에 따라 등록하여야 한다.

2. 주민등록표의 작성(제7조)

(1) 시장·군수 또는 구청장은 주민등록사항을 기록하기 위하여 주민등록정보시스템으로 개인별 및 세대별 주민등록표와 세대별 주민등록표 색인부를 작성하고 기록·관리·보존하여야 한다.

(2) 개인별 주민등록표는 개인에 관한 기록을 종합적으로 기록·관리하며 세대별(世帶別) 주민등록표는 그 세대에 관한 기록을 통합하여 기록·관리한다.

3. 등록의 신고주의 원칙(제8조)

주민의 등록 또는 그 등록사항의 정정 또는 말소는 주민의 신고에 따라 한다. 다만, 이 법에 특별한 규정이 있으면 예외로 한다.

4. 재작성(제22조)

(1) 시장·군수 또는 구청장은 다음의 어느 하나에 해당하면 종전 주민등록에 관한 여러 신청서 등에 따라 주민등록표를 다시 작성하고 신고의무자의 확인을 받아야 한다. 다만, 주민등록에 관한 여러 신청서 등에 따라 다시 작성할 수 없으면 주민등록표를 다시 작성한다는 뜻을 신고의무자에게 알리거나 공고하고 그 신고의무자의 신고에 따라 이를 작성하여야 하며, ②의 경우에는 세대별 주민등록표에 한정하여 작성한다.
① 재해·재난 등으로 주민등록표가 멸실되거나 손상되어 복구가 불가능한 때
② 세대주가 변경된 때

(2) 위 ①의 경우에는 다시 작성한 주민등록표에 그 사유를 기록하여야 한다.

(3) 위 ②에 따라 세대주가 변경되기 이전의 주민등록표는 보존·관리하여야 한다.

◆ 주민등록표 등

구분	열람	교부
주민등록표	개인별 주민등록표 초본 - 개인별 주민등록번호순 정리	초본
	세대별 주민등록표 등본 - 세대별 주민등록번호순 정리	등본
색인부	세대별 주민등록표 색인부	

02 주민등록번호의 변경(제7조의4) 2023 기출

1. 변경신청

다음의 어느 하나에 해당하는 사람은 주민등록지 또는 거주지의 시장·군수 또는 구청장에게 주민등록번호의 변경을 신청할 수 있다. 다만, 신청인의 주민등록지가 아닌 거주지의 시장·군수 또는 구청장이 주민등록번호의 변경 신청을 받은 경우 이를 지체 없이 주민등록지의 시장·군수 또는 구청장에게 이송하고 그 사실을 신청인에게 통지하여야 한다.

(1) 유출된 주민등록번호로 인하여 생명·신체에 위해(危害)를 입거나 입을 우려가 있다고 인정되는 사람

(2) 유출된 주민등록번호로 인하여 재산에 피해를 입거나 입을 우려가 있다고 인정되는 사람

(3) **다음의 어느 하나에 해당하는 사람으로서 유출된 주민등록번호로 인하여 피해를 입거나 입을 우려가 있다고 인정되는 사람**

① 「아동·청소년의 성보호에 관한 법률」에 따른 피해아동·청소년
② 「성폭력방지 및 피해자보호 등에 관한 법률」에 따른 성폭력피해자
③ 「성매매알선 등 행위의 처벌에 관한 법률」에 따른 성매매피해자
④ 「가정폭력범죄의 처벌 등에 관한 특례법」에 따른 피해자

2. 변경 여부 결정 청구 및 통지

(1) 신청 또는 이의신청을 받은 주민등록지의 시장·군수 또는 구청장은 주민등록번호변경위원회에 주민등록번호 변경 여부에 관한 결정을 청구하여야 한다.

(2) 주민등록지의 시장·군수 또는 구청장은 주민등록번호변경위원회로부터 주민등록번호의 변경 결정을 통보받은 경우에는 신청인의 주민등록번호를 지체 없이 변경하고 이를 신청인에게 통지하여야 한다.

3. 이의신청

주민등록지의 시장·군수 또는 구청장은 주민등록번호변경위원회로부터 주민등록번호의 변경 결정 이외의 결정을 통보받은 경우에는 그 사실과 사유를 그 신청인에게 통지하여야 하며, 이의가 있는 신청인은 그 통지를 받은 날부터 30일 이내에 그 주민등록지의 시장·군수 또는 구청장에게 이의신청을 할 수 있다.

03 주민등록번호변경위원회(제7조의5)

소속	행정안전부
인적 구성	위원장 1명을 포함하여 11명 이내의 위원(1명은 상임위원)
위원장	공무원이 아닌 위원 중 행정안전부장관이 위촉
위원	공무원이 아닌 위원수는 위원장과 상임위원을 포함한 위원 수의 1/2 이상
임기	위원장 및 위원 2년, 1회 연임, 공무원은 재직기간 동안만 재임

1. 심사·의결

변경위원회는 주민등록번호 변경여부 결정 청구를 받은 날부터 90일 이내에 심사·의결을 완료하고 그 결과(변경 결정 외의 결정을 한 경우에는 그 사유를 포함한다)를 해당 주민등록지의 시장·군수 또는 구청장에게 통보하여야 한다. 다만, 이 기간 안에 심사·의결을 완료하기 어려운 경우에 변경위원회는 그 의결로 30일의 범위에서 그 기간을 연장할 수 있다.

2. 중대·시급한 변경청구

유출된 주민등록번호로 인하여 생명·신체에 위해를 입거나 위해의 발생이 긴박하여 변경청구의 중대성·시급성이 인정되는 경우에는 대통령령으로 정하는 바에 따라 청구를 받은 날부터 45일 이내에 심사·의결을 완료하고 그 결과(변경 결정 외의 결정을 한 경우에는 그 사유를 포함한다)를 해당 주민등록지의 시장·군수 또는 구청장에게 통보하여야 한다. 다만, 이 기간 안에 심사·의결을 완료하기 어려운 경우 변경위원회는 그 의결로 30일의 범위에서 그 기간을 연장할 수 있다.

3. 변경청구 기각사유

변경위원회는 변경청구를 심사한 결과 다음의 어느 하나에 해당하는 사유가 있는 경우에는 청구를 받아들이지 아니하는 결정 등을 할 수 있다.

(1) 범죄경력을 은폐하거나 법령상의 의무를 회피할 목적이 있는 경우

(2) 수사나 재판을 방해할 목적이 있는 경우

(3) 선량한 풍속 기타 사회질서에 위반되는 경우

(4) 그 밖에 대통령령으로 정하는 경우

04 신고사항 및 신고의무자(제10조 내지 제13조)

1. 신고사항

(1) 주민(재외국민은 제외한다)은 다음 사항을 해당 거주지를 관할하는 시장·군수 또는 구청장에게 신고하여야 한다.

① 성명
② 성별
③ 생년월일
④ 세대주와의 관계
⑤ 합숙하는 곳은 관리책임자
⑥ 「가족관계의 등록 등에 관한 법률」 제10조 제1항에 따른 등록기준지
⑦ 주소
⑧ 가족관계등록이 되어 있지 아니한 자 또는 가족관계등록의 여부가 분명하지 아니한 자는 그 사유
⑨ 대한민국의 국적을 가지지 아니한 자는 그 국적명이나 국적의 유무
⑩ 거주지를 이동하는 경우에는 전입 전의 주소 또는 전입지와 해당 연월일

(2) 누구든지 위 (1)의 신고를 이중으로 할 수 없다.

2. 신고의무자

1) 세대주(제11조)

신고는 세대주가 신고사유가 발생한 날부터 14일 이내에 하여야 한다. 다만, 세대주가 신고할 수 없으면 그를 대신하여 다음의 어느 하나에 해당하는 자가 할 수 있다.

(1) 세대를 관리하는 자

(2) 본인

(3) 세대주의 위임을 받은 자로서 다음의 어느 하나에 해당하는 자
① 세대주의 배우자
② 세대주의 직계혈족
③ 세대주의 배우자의 직계혈족
④ 세대주의 직계혈족의 배우자

2) 합숙하는 곳에서의 신고의무자(제12조)

기숙사 등 여러 사람이 동거하는 숙소에 거주하는 주민은 신고사유가 발생한 날부터 14일 이내에 그 숙소의 관리자가 신고하여야 한다.

3) 정정신고(제13조)

신고의무자는 그 신고사항에 변동이 있으면 변동이 있는 날부터 14일 이내에 그 정정신고(訂正申告)를 하여야 한다.

05 거주지의 이동(제16조 내지 제18조)

1. 거주지의 이동(제16조)

(1) 하나의 세대에 속하는 자의 전원 또는 그 일부가 거주지를 이동하면 신고의무자가 신거주지에 전입한 날부터 14일 이내에 신거주지의 시장·군수 또는 구청장에게 전입신고를 하여야 한다.

(2) 신거주지의 시장·군수 또는 구청장은 전입신고를 받으면 지체 없이 전 거주지의 시장·군수 또는 구청장에게 전입신고 사항을 알리고 주민등록정보시스템을 이용하여 주민등록표와 관련 공부의 이송을 요청하여야 한다.

(3) 이송요청을 받은 전 거주지의 시장·군수 또는 구청장은 전출대상자가 세대원 전원이거나 세대주를 포함한 세대의 일부 전출인 경우에는 주민등록표와 관련 공부를, 세대주를 제외한 세대의 일부의 전출인 경우에는 전출자의 개인별 주민등록표와 관련 공부를 지체 없이 정리하여 신거주지의 시장·군수 또는 구청장에게 주민등록정보시스템을 이용하여 이송하여야 한다.

(4) 신거주지의 시장·군수 또는 구청장은 주민등록표와 관련 공부가 이송되어 오면 전입신고서와 대조·확인한 후 지체 없이 주민등록표와 관련 공부를 정리 또는 작성하여야 한다.

(5) 시장·군수 또는 구청장은 관할 구역에 거주지를 가진 세대주나 거주지에 있는 건물 또는 시설의 소유자 또는 임대인의 신청이 있는 경우에는 그 거주지를 신거주지로 하는 전입신고를 받을 때마다 전입신고가 있었다는 사실을 그 세대주, 소유자 또는 임대인에게 통보할 수 있다.

2. 다른 법령에 따른 신고와의 관계(제17조)

주민의 거주지 이동에 따른 주민등록의 전입신고가 있으면 「병역법」, 「민방위기본법」, 「인감증명법」, 「국민기초생활 보장법」, 「국민건강보험법」 및 「장애인복지법」에 따른 거주지 이동의 전출신고와 전입신고를 한 것으로 본다.

3. 신고의 방법(제18조)

신고는 구술이나 서면으로 한다.

06 사실조사 · 직권조치 · 이의신청

1. 사실조사(제20조)

시장·군수 또는 구청장은 신고 의무자가 다음의 어느 하나에 해당하면 그 사실을 조사할 수 있다.

(1) 이 법상 규정된 사항을 14일 이내에 신고하지 아니한 때
(2) 이 법상 규정된 사항을 부실하게 신고한 때
(3) 이 법상 신고된 내용이 사실과 다르다고 인정할 만한 상당한 이유가 있는 때

2. 최고 · 공고

(1) 시장·군수 또는 구청장은 사실조사 등을 통하여 신고의무자가 신고할 사항을 신고하지 아니하였거나 신고된 내용이 사실과 다른 것을 확인하면 일정한 기간을 정하여 신고의무자에게 사실대로 신고할 것을 최고하여야 한다.
(2) 시장·군수 또는 구청장은 신고의무자에게 최고할 수 없으면 일정한 기간을 정하여 신고할 것을 공고하여야 한다.
(3) 최고 또는 공고를 할 때에는 정하여진 기간에 신고하지 아니하면 시장·군수 또는 구청장이 주민등록을 하거나 등록사항을 정정 또는 말소할 수 있다는 내용을 포함하여야 한다.

3. 직권조치

(1) 시장·군수 또는 구청장은 신고의무자가 최고 또는 공고에 따라 정하여진 기간에 신고하지 아니하면 사실조사, 공부상의 근거 또는 통장·이장의 확인에 따라 주민등록을 하거나 등록사항을 정정 또는 말소하여야 한다.

(2) 시장·군수 또는 구청장은 신고의무자가 확인 결과, 거주사실이 불분명하다고 인정되는 경우에는 그 신고의무자가 마지막으로 신고한 주소를 행정상 관리주소로 하여 거주불명 등록을 하여야 한다.

4. 이의신청(제21조)

(1) 시장·군수 또는 구청장으로부터 ① 주민등록, ② 등록사항의 정정 또는 말소, ③ 거주불명 등록의 처분을 받은 자가 그 처분에 대하여 이의가 있으면 그 처분일로부터 **30일 이내**에 서면으로 해당 시장·군수 또는 구청장에게 이의를 신청할 수 있다.

(2) 시장·군수 또는 구청장이 이의신청을 받으면 그 신청을 받은 날부터 **10일 이내**에 심사·결정하여 그 결과를 지체 없이 신청인에게 알려야 하며, 그 요구가 정당하다고 결정되면 그에 따라 주민등록을 하거나 등록사항을 정정 또는 말소하여야 한다.

(3) 시장·군수 또는 구청장이 이의신청을 각하 또는 기각하는 결정을 하면 결과통지서에 행정심판이나 행정소송을 제기할 수 있다는 취지를 함께 적어 신청인에게 알려야 한다.

07 모바일 주민등록증(제24조의2)

1. 모바일 주민등록증 발급

시장·군수 또는 구청장은 주민등록증을 발급받은 사람이 주민등록증과 효력이 동일한 모바일 주민등록증(「전기통신사업법」에 따른 이동통신단말장치에 암호화된 형태로 설치된 주민등록증을 말한다)의 발급을 신청하는 경우에는 대통령령으로 정하는 바에 따라 이를 발급할 수 있다. 이 경우 모바일 주민등록증의 기재사항 및 표시방법에 관하여는 제24조 제2항(주민등록증에는 성명, 사진, 주민등록번호, 주소, 지문(指紋), 발행일, 주민등록기관을 수록한다) 및 제3항(시장·군수 또는 구청장은 재외국민에게 발급하는 주민등록증에는 재외국민임을 추가로 표시하여야 한다)을 준용한다.

2. 재발급

주민등록증을 발급받은 사람이 다음의 어느 하나에 해당하는 경우에는 대통령령으로 정하는 바에 따라 시장·군수 또는 구청장에게 모바일 주민등록증의 재발급을 신청할 수 있다. 다만, (1)부터 (3)까지의 어느 하나에 해당하는 경우에는 재발급을 신청하여야 한다.

(1) 주민등록번호가 정정되어 주민등록증을 재발급받은 경우

(2) 주민등록증의 기재사항 중 주소 외의 사항이 변경되어 주민등록증을 재발급받은 경우

(3) 성명, 생년월일, 성별이 변경됨에 따라 주민등록증을 재발급받은 경우

(4) 모바일 주민등록증이 설치된 이동통신단말장치의 분실이나 훼손으로 모바일 주민등록증의 사용이 불가능한 경우

(5) 그 밖에 모바일 주민등록증의 재발급이 필요하다고 인정되는 경우로서 대통령령으로 정하는 경우

3. 수수료 징수 금지

시장·군수 또는 구청장은 모바일 주민등록증을 발급하거나 재발급하는 경우 수수료를 징수하지 못하며, 모바일 주민등록증의 발급을 이유로 조세나 그 밖의 어떠한 명목의 공과금도 징수하여서는 아니 된다.

08 주민등록표의 열람 또는 등·초본의 교부(제29조)

1. 열람, 등·초본의 교부

주민등록표의 열람이나 등·초본의 교부신청은 본인이나 세대원이 할 수 있다. 다만, 본인이나 세대원의 위임이 있거나 다음의 어느 하나에 해당하면 그러하지 아니하다.

(1) 국가나 지방자치단체가 공무상 필요로 하는 경우

(2) 관계 법령에 따른 소송·비송사건·경매목적 수행상 필요한 경우

(3) 다른 법령에 주민등록자료를 요청할 수 있는 근거가 있는 경우

(4) 다른 법령에서 본인이나 세대원이 아닌 자에게 등·초본의 제출을 의무화하고 있는 경우

(5) 다음의 어느 하나에 해당하는 자가 신청하는 경우
   ① 세대주의 배우자
   ② 세대주의 직계혈족
   ③ 세대주의 배우자의 직계혈족
   ④ 세대주의 직계혈족의 배우자
   ⑤ 세대원의 배우자(주민등록표 초본에 한정한다)
   ⑥ 세대원의 직계혈족(주민등록표 초본에 한정한다)

(6) 채권·채무관계 등 대통령령으로 정하는 정당한 이해관계가 있는 사람이 신청하는 경우(주민등록표 초본에 한정한다)

(7) 그 밖에 공익상 필요하여 대통령령으로 정하는 경우

2. 열람, 교부방법

주민등록표의 열람이나 등·초본의 교부는 주민등록정보시스템을 이용하여 열람하게 하거나 교부한다. 다만, 전자문서나 무인민원발급기를 이용하는 경우에는 신청자 본인이나 세대원의 주민등록표 등·초본의 교부에 한정한다.

3. 열람, 교부 제한 신청

가정폭력피해자는 가정폭력행위자가 본인과 주민등록지를 달리하는 경우 제2항 제5호에 해당하는 사람 중에서 대상자를 지정하여 대통령령으로 정하는 바에 따라 시장·군수 또는 구청장에게 본인과 세대원 및 직계존비속의 주민등록표의 열람 또는 등·초본의 교부를 제한하도록 신청할 수 있다.

09 주민등록 말소처분 시 구제방법

1. 이의신청(제21조)

(1) 시장·군수 또는 구청장으로부터 ① 주민등록, ② 등록사항의 정정 또는 말소, ③ 거주불명등록의 처분을 받은 자가 그 처분에 대하여 이의가 있으면 그 처분일로부터 **30일 이내**에 서면으로 해당 시장·군수 또는 구청장에게 이의를 신청할 수 있다.

(2) 시장·군수 또는 구청장이 이의신청을 받으면 그 신청을 받은 날부터 **10일 이내**에 심사·결정하여 그 결과를 지체 없이 신청인에게 알려야 하며, 그 요구가 정당하다고 결정되면 그에 따라 주민등록을 하거나 등록사항을 정정 또는 말소하여야 한다.

(3) 시장·군수 또는 구청장이 이의신청을 각하 또는 기각하는 결정을 하면 결과통지서에 행정심판이나 행정소송을 제기할 수 있다는 취지를 함께 적어 신청인에게 알려야 한다.

2. 행정심판

처분을 알게 된 날로부터 90일, 있었던 날로부터 180일 이내 이의신청 절차를 거치지 아니하고 행정심판을 청구할 수 있다.

3. 행정소송

처분을 안 날로부터 90일, 있은 날로부터 1년 이내 이의신청 또는 행정심판 절차를 거치지 아니하고 행정소송을 제기할 수 있다.

2026 박문각 행정사 2차
이상기 행정절차론 핵심요약집

초판인쇄 | 2025. 11. 5. **초판발행** | 2025. 11. 10. **편저자** | 이상기
발행인 | 박 용 **발행처** | (주)박문각출판 **등록** | 2015년 4월 29일 제2019-000137호
주소 | 06654 서울시 서초구 효령로 283 서경 B/D 4층 **팩스** | (02)584-2927
전화 | 교재 문의 (02)6466-7202

저자와의
협의하에
인지생략

이 책의 무단 전재 또는 복제 행위는 저작권법 제136조에 의거, 5년 이하의 징역 또는 5,000만 원 이하의 벌금에 처하거나 이를 병과할 수 있습니다.

정가 16,000원

ISBN 979-11-7519-395-6